· 王春瑜文史精华 ·

漂泊古今天地间

王春瑜 著

海天出版社

· 深圳 ·

图书在版编目（CIP）数据

漂泊古今天地间 / 王春瑜著. — 深圳 : 海天出版
社, 2019.4

（王春瑜文史精华）

ISBN 978-7-5507-2600-0

Ⅰ.①漂… Ⅱ.①王… Ⅲ.①杂文集－中国－当代②
随笔－作品集－中国－当代 Ⅳ.①I267.1

中国版本图书馆CIP数据核字(2019)第019662号

漂泊古今天地间
PAOBO GUJIN TIANDI JIAN

出 品 人	聂雄前
出版策划	于志斌
责任编辑	韩海彬
责任技编	梁立新
责任校对	万妮霞
装帧设计	龙瀚文化

出版发行	海天出版社
地　　址	深圳市彩田南路海天综合大厦（518033）
网　　址	www.htph.com.cn
订购电话	0755-83460397（批发）0755-83460239（邮购）
排版制作	深圳市龙瀚文化传播有限公司　0755-33133493
印　　刷	深圳市新联美术印刷有限公司
开　　本	787mm×1092mm　1/32
印　　张	9.5
字　　数	182千
版　　次	2019年4月第1版
印　　次	2019年4月第1次
定　　价	46.00元

王春瑜漫画像　丁聪画

王春瑜漫画像　叶春旸画

陆放翁有诗曰："勿言牛老行苦迟，我今八十耕犹力。"读此诗，我感到特别亲切。我属牛，今年刚好八十。童年乡居，曾与牛同居一屋（敝乡直呼牛屋），深夜，老牛之叹息声，令我心酸。一九五八年，大刮"共产风"，邻村一位生产队长，仅付五元所谓解绳费，即将牛牵走。家母长叹一声，对牛说：老牛，从此你不姓王，姓公了！老牛听了，顿时泪如雨下，家母连连叹息，家父赶忙又喂了老牛一些草料，才只好与它依依惜别。我珍视、眷恋老牛，颜书斋曰老牛堂，遂请王元化前辈书匾，悬于书房，朝夕相对。时时告诫自己，毋忘老牛之朴实、韧性精神，耕耘不止。

感谢深圳海天出版社，将不才四本旧作《续封神》《漂泊古今天地间》《看了明朝就明白》《新世说》重印。这四本书，与我的其他书一样，都是我在老牛堂辛勤耕耘的结果。今后，我当继续耕耘，与读者共享"稻花香里说丰年"的喜悦。

2017年中秋节后第三天
于老牛堂

其一

板桥名句何堂堂：
直撼血性写文章！
白纸黑字千古事，
平生最厌孟婆汤。

其二

冬天童话亦何多，
犹似风吹野山坡。
金盆狗矢添笑料，
人海无日不风波。

其三

治学如登地狱门，

九死方能求一生……

——摘自拙著《撑的慌》打油诗集

虎年元月二十五日于京南芳星园老牛堂

·目录·

壹 胆剑篇 / 001

贰 人海浪 / 055

壹

胆剑篇

论"口袋运动"

世界上有各种各样的口袋，倘若以用途来划分，无非是两大类：装钱、装物。不才少见多怪，生平所见口袋中，给我留下特别印象的，有二：一是童年时所见新四军战士所背米袋，常常未能装满，看上去有点"松松垮垮"；二是四十年前，在复旦大学求学时，中文系的赵宋庆先生给我们上文学史，此老留着贝多芬式的长发，身穿长衫，走上讲座后，手伸进裤袋掏东西，身子渐成四十五度状，掏了好一会儿，才掏出一支粉笔。我很惊异他的口袋怎么会那样深？而且掏之良久，亦仅粉笔一支而已。如此看来，似乎口袋并无文章可作。其实，绝非如此。倘若形象一点说，中国历史就是一只"剪不断，理还乱"，举世无双的大口袋，只要你钻进去稍稍翻动一下，就会发现口袋是太有说头了。

不必去考证是谁发明了口袋。事实上，即使是国学大师，倘若考证此事，也肯定是"枉抛心力作英雄"。从某种意义上说，一部二十四史，就是口袋运动史。对广大蚩蚩小民来说，口袋足，知荣辱。这里所说的口袋足，是指最低意义而言，即尚能糊口，风雪年关时，杨白劳们、喜儿们，还能有两升白面、两尺头绳。而反过来，如果他们口袋里一个铜板也没有，锅灶上结了蜘蛛网，就会揭竿而起，吃大户，抢官府，用暴力手段争取自己的口袋也能鼓起来，这差不多就是历代农民造反史的缩影。而另一类人，不过是为了夺取黄绫袋里的金印，最终目的也还是使自己口袋里的财富永远装不完，甚至富甲天下或富有天下，并妄图"子孙永葆永享"。第一类人，令人同情，第二类人，令人憎恶；因为正是后者的巧取豪夺，才使前者的口袋空无一物。

回顾历代口袋运动史，耐人寻味。而从根本上说，封建统治者很难吸取历史教训。每个王朝前期尚能注意前朝被口袋运动覆亡的教训，中叶后即弃之脑后，真乃"靡不有初，鲜克有终"。五代梁时，浙江奉化有位布袋和尚，经常拿一只布袋，见物即讨，然后又在人前倒出来，说"看看"。显然，他颇有透明度，收入、支出，毫无隐秘。临终前说偈，有谓"时时示世人，世人自不识"。对横征暴敛、贪赃枉法者而言，当然永远是"自不识"。据徐祯卿《翦胜野闻》记载，明初有人在破庙里的墙上，画一布袋和尚，并题诗曰："大千世界浩茫茫，收拾都将一袋藏，毕竟有收还有放，放宽些子又何妨！"微服私访的朱元璋看到此画时，墨迹新鲜，但庙内空无一人，也许是知情者特意画给他看的。中国封建社会的政治家，真正能悟此诗真谛，恐怕为数寥寥。而几乎无官不贪的众多官员，倘若翻开其中绝大多数人的口袋，绝对不会像赵宋庆老师那样，只有一支粉笔，则是毫无疑义的。中国历史上真正袋中如洗的清官，只有几十人，为数之少，足可说明一切。据《濯缨亭笔记》载，明中叶后，"人皆志于富贵，位卑者所求益劳，位高者所得愈广……时人语曰：'知县是扫帚，太守是畚斗，布政是叉袋口。'"可见贪污成风，权越大，贪欲越大，口袋也越大。但是，取之不义，终难避免垮台。"千层浪里翻身，万丈崖巅失足，猢狲裹在布里，老鼠走在牛角。"（明·屠隆：《娑罗馆逸稿》卷2）落得这样的下场，悔之晚矣！

　　遥想古人，寄语世人：如能想到新四军战士——当然还有八路军及他们的前身红军战士的米袋，恒念创业艰难，又当如何？让我们还是回到布袋和尚的话题上来。岳飞之孙岳珂曾有诗曰："行也布袋，坐也布袋，放下布袋，何等自在！"不知贪心甚炽者读此诗，能从中有所悟否？

哀赵妪

姬者，老太太也，赵姬者，赵老太太也。天下老太太多矣，何哀之有？笔者所述赵老太太，非普通老太太也，乃明代万历年间宰相、中国古代著名改革家张居正的母亲，姓赵，故以赵姬称之。她多寿，活至七十六岁，集大红大紫、奇耻大辱于一身。而无论她的至尊、大辱，却都是历史的悲哀。她的浮沉，与其子张居正的改革事业息息相关，这就更值得世人回味。

赵姬娘家情况不详，当属小户人家；因为封建社会婚嫁强调门当户对，而张家不过有几十亩田，数间房，余衣甚少，决非大户。本来，她不过是乡间普通妇女，每天看日落日出，相夫教子，闲话桑麻而已。但曾几何时，张居正中了进士，做了大官，并当了位极人臣的宰相后，母因子荣，她成了诰命一品夫人，风光可想而知。万历四年（公元1576年），神宗听说张居正的父母还健在，很高兴，当即亲笔致书张居正，"特赐大红蟒衣一袭，银钱二十两；又玉花坠七件，彩衣六匹，乃奉圣母（按：皇太后）恩赐"。赵姬得到这样的礼物，心情之愉悦，《红楼梦》里的贾母也不曾有过。二年后，居正老父张文明在老家江陵病故。张居正悲痛欲绝，更以老母为念，在奏章中说："臣有老母，今年七十有二，人命危浅，朝不虑夕。"（《张太岳行实》）万历皇帝对此很关心，特派司礼监太监魏朝，在这年秋天前往江陵迎接赵姬进京，"仪从煊赫，观者如堵。"（《明史》卷213）沿途地方官员小心翼翼，诚惶诚恐，俨然是伺候西王母。将渡黄河时，老太太有些害怕，私下对奴婢说："这样大的河流，过河太艰难了吧？"话一传出，立刻有人通知地方政府，同时安慰赵姬说："过河尚未有期，临时当再报。"后来，快到北京了，老太太未免心疑，问："怎么还不过黄河？"侍奉左右者告诉她："您老上次问起后，没几天就过了黄河！"原来，有司早已在黄河南北，"以舟相钩连，填土于上，插柳于两旁，舟行其间如陂塘，太夫人不知也。"（《万历野获编》卷23）显然，即使是皇太后渡河，充其量也不过能享此如天之福也。舟抵通州，时正中午，秋暑尚炽，州守张纶估计老太太一路上定是鱼肉不断，早已吃腻，遂"具绿豆粥以进，但设瓜蔬笋蕨，而不列他味"。赵姬果然大喜，抵京后即对张居正说："一路烦热，至通州一憩，始游清凉国。"第二天，张纶即调京任户部员外郎，管仓库、粮储等美差相继到手。真是赵姬一顿凉餐，张纶平步青云！

更有甚者，万历皇帝又特命司礼太监李佑出郊慰劳，并护送赵姬至居正私宅。同时，皇太后又特派慈宁宫管事太监李用至京郊外慰劳赵姬，并与李佑一起护送她抵居正家。皇太后当即拟召赵姬入宫见面，只是因其年迈体弱而未成行，由居正至会极门"叩谢龙恩"。皇帝两宫皇太后赐给赵姬的衣服、首饰等，相当可观。赵老太太受到这样高的礼遇，是很罕见的，《明史·张居正传》说万历皇帝及两宫太后"慰谕居正母子，几用家人礼"。以至张居正在《谢赐母首饰等物疏》中感激涕零地说："实臣子不敢觊之殊恩，亦载籍所未闻之盛事。"（《张太岳文集》第43卷）并誓言"移孝以作忠，苟利国家，敢惜捐躯而碎首"。

但张居正何曾想到，仅仅三年半以后，他就因病在北京家中"捐躯"了；他更难以想到的是，几个月后，他遗骨未寒，政局即开始逆转，他鞠躬尽瘁辅佐的万历皇帝，变脸了，亲自策划对他鞭尸了：剥夺了他所有的功名，剥夺诰命，赵姬由一品夫人而"天上人间"，还原为普通村妇，并贬斥其子孙，抄了她的家，用残忍手段对其子张敬修、张懋修等严刑逼供，要他们招出寄存在外面的二百万两银子，完全是莫须有。更令人难以容忍的是，在正式抄家前，荆州府、江陵县地方官已将张居正家包围，把时已七十六岁高龄的赵姬与儿孙等分别隔离，有十几口人被活活饿死。而据当时人记载，"其妇女自赵太夫人而下，始出宅门时，监搜者至揣及亵衣脐腹以下……其婴稚皆扃钥之，悉见啖于饥犬，太惨毒矣！"（《万历野获编》卷8）礼部主事张敬修被逼自杀，在悲愤万状的遗书中，说"吾母素受辛苦"；其弟懋修投井、绝食，侥幸不死；敬修妻高氏"投环求死不得"，复用"茶匕刺其目，血流被面，左目遂枯"。（《续修江陵县志》卷26）可怜赵老太太，以衰朽之躯，眼睁睁地看着其子张居正断气；回到江陵老家不久，遭抄家灭顶之灾，受惊吓，被污辱，又眼睁睁地看着儿孙上吊、饿死、被饿狗吞食，真个是"忽喇喇似大厦倾，昏惨惨似油灯尽"。她再也受不了如此折磨，不久就永远闭上了她那双亲见张居正及其改革事业盛衰荣辱的眼睛。虽然，在一些正直之士的一再呼吁下，万历皇帝下诏留下空宅一所，田十顷，供张家赡养赵姬，但赵姬在地下，再也沾不着所谓的皇恩雨露了。

赵姬漫长的一生中，曾经到京城大开眼界，饱享荣华富贵，但不过是分享了其子改革家张居正的封建特权，也就是皇权的一杯羹而已，与其说是洪福，还不如说是历史的悲哀；在她的暮年，遭逢大难，受到了严重的迫害、摧残，不为别的，就是因为她是已被万历皇帝抛弃、人亡政息、改革事业付诸东流的张居正的母亲。这是更大的历史悲哀。是皇权把她这位乡间老太太抛上荣誉的顶峰，也是皇权又把她从天上摔到地下，几乎摔得粉身碎骨。哀哉，赵姬！

　　"眼看他起朱楼，眼看他宴宾客，眼看他楼塌了。"
赵姬是四百年前那一页兴亡史既普通又特殊的见证人。

毕竟东流去

　　"形势大好"是个新名词，而且应当是革命大词典里的条目。虽说我是在老解放区长大的，但当时并未听到这种说法，全国解放后，才渐有耳闻，第一次听到是哪年哪月哪天，失考。但印象最深刻的有两次：一是在1962年全国大饥馑、浮肿病蔓延、不少人被活活饿死时，我在上海听上海市委书记柯庆施的报告，他居然连续三次说"形势大好，空前的好"，实在令我大惑不解；二是十年动乱时，报刊上没有一天不说形势大好，我在"牛棚里"，见到老棚友写的思想汇报，总是要写上这几句："当前全国形势大好，市场繁荣，物价稳定。"其实，棚友们心里很清楚，此新式"革命"八股也。按正面文章反面观的原则，谁都知道：打倒成风、揪斗不止、武斗酷烈、经济瘫痪，就是所谓形势大好的注脚，事实胜于雄辩。

　　如此看来，似乎"形势大好"又是极左分子与"四人帮"的专利，至少也是他们用以欺世惑民的法宝。这究竟是咋回事？同样令我有些纳闷。

其实，形势到底是好还是不好，是形势大好还是形势大坏，历来因人而异，"横看成岭侧成峰"。譬如北宋末年，民族矛盾、阶级矛盾交织，社会秩序动荡，盗贼蜂起。《水浒》中的好汉之一（此时尚未上梁山泊入伙）杨志，就曾经实事求是地对北京大名府梁中书说过："……今岁途中盗贼又多……经过的是：紫金山、二龙山、桃花山……都是强人出没的去处……他知道是金银财宝（按：指押送"生辰纲"的财宝），如何不来抢劫？枉结果了性命！以此去不得。"一言以蔽之：形势严峻，或形势不好。大官僚梁中书倒没认为杨志是污蔑大好形势，因此同意杨志采取的安全措施，杨志这才"便委领状"，监押生辰纲——十一担金珠宝贝——上路。但上路后，梁中书家老婆帮的要员"奶公"谢都管，依仗自己的特殊背景，倚老卖老，反对杨志的安全措施。究其因，是对形势的估计，与杨志截然相反。每当杨志强调"途路上千难万难"，"如今须不比太平时节"，老都管即痛斥他："你说这话该剜口割舌！今日天下怎地不太平？"显然，在老都管的眼睛里，天下太平，形势大好。正是由于他对形势的错误判断，严重干扰了杨志的保安措施，终于使生辰纲在黄泥岗被劫，杨志差一点跳岗自杀。这里，且不论吴用等所劫的生辰纲，是贪官梁中书搜刮的民脂民膏，仅就对当时国内的形势分析而言，老都管分明是睁着眼睛说瞎话。

千金小姐不会当奶妈，奶妈的老公十之八九是乡曲愚民。因此，老都管说北宋末年形势大好，是由两个字造成的：愚昧。这类人物，如果换一个场合，明明形势不错，他也会说形势一团糟。我在杂文《九斤老头考》（见拙著《牛屋杂俎》）中即曾指出《儒林外史》中替大乡绅看坟山的老人邹吉甫，吃肉骂娘，十分留恋洪武年代，把比洪武时期强多了的永乐年间，一贬再贬，要言之，也就是形势不好。以是故，我给邹吉甫戴了一顶帽子："九斤老太"式的"九斤老头"。至今未见有人出来为他鸣不平，想来我绝对没有冤枉他。

当然，从历史上看，如果有谁认为只有谢都管、邹吉甫这类无文化者，才会错误估计形势，那就未免太天真。苏东坡，大笔杆子也，但他反对王安石改革，在《上神宗皇帝书》中还不是把王安石主政后的大好形势，说得一团糟？明代攻击张居正改革最厉害的人，不是小民百姓，也是某些政治家、大秀才。由此可知，谢都管、邹老人辈又何足道哉，倒是那些以政治家、大文人面目出现的歪曲大好形势者，引经据典，蛊惑人心，"曲儿小，腔儿大"。但是，鼓噪声中千帆过，黄河毕竟东流去。历史从来就是这样前进的。

8月7日于牛屋

还有健忘不能卖

今年三月，在全国政协八届五次会议上，七位新闻出版界的委员联合提案，充分肯定咸宁地区开发向阳湖文化资源所取得的成绩，建议文化部和湖北省领导对这项工作予以热情关注。我以为，这充分体现了这七位有识之士的历史感。

何谓向阳湖文化资源？这就需要我们回顾历史。在"文革"中期，从1969年至1973年，在古代云梦泽，今称向阳湖的文化部系统"五七干校"，先后聚集了六千余名干部及其家属，在这里一边劳动，一边"斗、批、改"。这种在特定历史环境里的文化人——其中有很多著名文化人，如冰心、张光年、陈白尘、冯雪峰、臧克家、萧乾、郭小川、冯牧、韦君宜等等——大结集，在中国政治史或文化史上，是史无前例的。

这不能不是一种奇特的政治文化现象。读过陈白尘先生写的《云梦断忆》《牛棚日记》的人，对当时向阳湖"五七干校"的情景，当会留下难忘的印象。以我而论，曾被勒令在黄海之滨的大丰县"五七干校"劳动改造。

我想，既是"同根生"，天下的"五七干校"肯定是大同小异：不管上面说的如何动听，这里只能是变相劳改、惩罚干部、使知识分子斯文扫地、蒙受种种屈辱与苦难之所在。当然，向阳湖的"五七干校"毕竟有其特殊性：名人荟萃。今天，采访这些文化名人在向阳湖度过的难忘岁月，了解他们当时的所见、所闻以及今天的所忆、所思，显然是有深远的历史意义的：让人们永远记取"文革"的教训，让"五七干校"之类的噩梦不再重演。这对于教育当代人，警策后来者，都会起到积极作用。这就是历史感！我相信，这也正是咸宁地委和政府部门近几年来大力提倡开发向阳湖文化资源的前提。没有人会愚蠢到这种地步：开发向阳湖文化资源，是为了怀旧，让当年的"五七战士"留恋过去，为"文革"评功摆好。对此，只要思维健全者，是不难做出正确判断的。

令人惊讶的是，对于这项严肃的、别具只眼的文化举措，竟有人嗤之以鼻，认为这是出卖文化人的苦难，在报纸上著文《还有什么不能卖》，大加挞伐。"还有什么不能卖？"真是危言耸听！不过，正确的回答应当是：还有健忘不能卖！

不管是个人，还是国家、民族，如果得了健忘症，就不可能走出历史的误区，这是很危险的。古今中外有太多的实例，可以充分证明这一点。遗憾的是，最近几年来，在商品经济大潮的冲击下，有的人目迷五色，晕头转向，价值取向错位，漠视历史教育，甚至公然抹杀、歪曲历史。产生于六十年代，由管桦作词、瞿希贤作曲的《听妈妈讲过去的事情》，曾经感动、教育过多少青年！然而，近年来，也不知是何人指使，电视台、电台、磁带里播放这首家喻户晓、感人至深的歌曲时，只剩下开头四句："月亮在白莲花般的云朵里穿行，晚风吹来一阵阵快乐的歌声，我们坐在高高的谷堆旁边，听妈妈讲那过去的事情。"过去什么事情，对不起，下面的全删了！这一来，歌中妈妈讲的在旧社会所受的苦难，地主对农民的压迫、剥削，全部无影无踪了。而且，居然将这首歌庄重、深沉的旋律，改为轻松得不能再轻松的流行歌曲的旋律。这实在使我大惑不解。为此，我已写了杂文《听妈妈讲什么？》提出责问（见拙著《喘息的年轮》），有关方面，并未引起重视，今年"六一"节电视台演播此歌时，依然故我，便是明证。现在看来，类似不愿意再"听妈妈讲那过去的事情"的事情，迭相发生。悻悻然嘲笑讲"五七干校"历史是"还有什么不能卖？"是又一例也。忽视历史教育，尤其是革命传统教育，后患无穷。不了解过去，又怎能了解现在？讳言旧社会的旧，又怎能认识新社会的新？对历史一无所知，又从何而来历史使命感？因此，我们仍然需要"听妈妈讲那过去的事情"，也就是讲历史，包括一代文化名人被迫集中到"五七干校"去劳改的苦难史。讲这一些，当然绝对没有听或唱流行歌曲那样轻松的感觉，但目的正是为了使我们的后代，能够生活得轻松，愉快。我打算写十篇《听妈妈讲什么？》的文章，本篇就算是二论《听妈妈讲什么？》作为文章的副标题；尽管我并没有标出这个副标题，好在关键是文章内容，而不是有无副标题也。

孔夫子神奇在哪儿

　　不久前，我模仿《魔鬼词典》，写了一篇短文。其中的一个词条是："三人行必有我师焉"。我的释文是："孔夫子的神奇预言"。并举了三条例证。没想到拙文在某报发表后，三条例证被编者都删掉了，于是这一词条便成了让人莫名其妙的闷葫芦。一位老友当面问我："这一条，你想说什么啊？"一位外地的文友，更打来长途电话，说："'三人行必有我师焉'，这句话尽人皆知，怎么竟成了神奇的预言呢？神奇在哪儿？"这真让我哭笑不得。说编者滥施刀斧，未免言重，但红笔一勾，实在是不费吹灰之力；可这一勾，岂不勾出麻烦来了！其实，那三条例证，足以回答孔夫子预言神奇在哪儿。谓予不信，我现在就补抄在这里：

　　（一）马路上三个行人中，就可能有一个是研究生导师。（二）某研究所的一、二、三把手，都是博士生导师。（三）不久，三个博士生导师中，就有一个可能是国学大师。

　　读者看了这三条例证，便立刻明白，我讽刺的无非是：时下研究生导师、博士生导师，未免过滥；而越来越多的国学大师，也在贬值。某大学某系，居然已有了九个博士生导师，该系的一位资深教授对我说："要我画圈，我只好闭起眼睛来画，一人向隅，举座不欢，有啥办法！"其中有些人，平生连一本专著都没有，名不见经传，无名之师亦能育高徒乎？怎不令人生疑也。例（二）确有其事的，只是不便明指。由学风推测该单位的党风、政风，可想而知。此辈竟不懂这条常识：官大未必学问大。例（三）也并非想当然。某出版社推出的国学大师列传，已经有二十几本，还要继续出下去。国学大师总不能像"忽如一夜春风来，千树万树梨花开"吧？这些怪现象，是孔夫子当年做梦也想象不到的。

时下政府宏观调控有力，物价呈稳定趋势。但学术界的不正之风，却呈上升势头，岂能等闲视之？！

关羽二题

"还我头来！"

前年冬天，我冒着严寒，去陕西看武则天的陵墓。在她的墓前，站着一排部下，包括少数民族的首领，甚至国外使节。然而，他们都没有脑袋。究竟是何时何人将他们的脑袋统统没收了？不得而知。望着那一排排没有头脑的躯体，不禁令我打起阵阵寒噤；也许再没有比眼前这些惨相，更能形象地展示中国历史的沧桑了！从历代封建统治者遵奉的金科玉律"民可使由之，不可使知之"，到林彪一伙叫嚷的"理解的要执行，不理解的也要执行"，我以为，几千年来，中国历史的最大悲哀，是在于封建统治者及某些野心家、阴谋家，公然不准百姓拥有自己的头脑，也就是思想、灵魂。但是，古今中外的思想史都证明：一种统治思想的存在，必然导致另一种与之对立的思想存在。封建统治者要拿走人民的头，人民答应吗？除了那些"自愿把自己的脑袋层层上缴，自以为既可安身立命，又可延年益寿"（陈虞孙：《还我头来！》，载《文汇报》1979年3月7日）的麻木不仁者、糊涂虫，以及一部分甚至以此作为"做官的诀窍"者而外，多数人——尤其是其中的爱思考者，显然是不会同意的。按照《三国志》关羽本传的记载，他兵败后在临沮被孙权所杀，砍下脑袋，死后并无异闻。但在小说《三国演义》中，却有玉泉山显圣的一段神奇、悲壮的故事。关羽魂魄不散，到处寻头，漂泊云端，不断高呼："还我头来！"这一呼不打紧，随着《三国演义》的风行天下，更加显示了关公的名人效应、神的效应；有多少有识之士，借助于"还我头来！"的口号，寻求思想的火花、精神的升华、心灵的慰藉。明代的大画家唐寅敢于以"江南第一风流才子"自居，并刻上一枚闲章"烟花队里醉千场"把玩不已；思想家李贽打出"不以孔子是非为是非"的旗帜，在评《水浒》时，称赞打死郑屠、喝酒吃肉的花和尚鲁智深是"真佛""活佛"；明末清初的黄宗羲著《明夷待访录》，猛烈批判君权；金圣叹歌颂被统治者下令查禁、焚毁，被道学家诋毁为有害世道人心的《水浒》《西厢记》是才子书，与司马迁的《史记》相提并论……如此等等，无一不是独立思考、苦苦探索的结果；事实上也无一不是从封建统治的壁垒里"还我头来！"的结果。

　　"还我头来！"至今并未过时。我在《寻"头"有感》一文中说："现在难道就再没有'还我头来！'的问题了吗？否。就说近年出版的字典、词典之类工具书吧，有相当一部分，并非是编者认真用头——大脑苦苦思索的产物……词典之类的浅薄，还是小矣哉。联想到农村小学生、中学生的大量流失，大学生、研究生不时有人中途退学，街头充斥着不入流的书刊……我们有必要继续借用关羽的话，大声疾呼：‘还我头来！’”（见拙著《牛屋杂俎》）

"还我头来！"——看来，我们还得继续借用关公的口号。好在他是圣人，生前就慷慨好义，肯定不会为我们还要使用他的悲怆的呼号，就向我们索要香火，善哉，善哉。

人神之间

神是人异化的产物。有的人，还活着，却被"奉若神明"。最典型的，莫过于秦汉以来在高度封建专制主义集权体制下被几乎捧到九霄的帝王，一个个成了"君权神授"光环辉映下的人间非神之神。但是，他们的地位愈高，离臣民的距离越远。以明代皇帝而论，到宪宗、孝宗时，皇帝与大臣"竟以面对为可怪，一逢召对，遂有手足茫茫之感"。成化七年（公元1471年），有次召见时，群臣"皆同声呼万岁，叩头"而已。万历皇帝召见方德清、吴崇仁二相商量张差闯宫的案件，方德清只知连连叩头，吴崇仁"则口噤不复出声，及上怒……崇仁惊怖"，竟吓得昏死过去，"乃至便液并下"，"如一土木偶，数日而视听始复。"（《万历野获编》卷1）清末的慈禧太后，祸国殃民，虽然借用鲁迅的话说，"还不如一个屁的臭得长久"，竟被尊奉为"老佛爷"，与如来佛、弥勒佛辈大佛平起平坐，实在是岂有此理！然而，他们的迫害忠良，诛戮功臣，株连九族，残民以逞，臣民对之何尝有半点亲近感？非神却以神自居，这是中国政治史极不光彩也最为黑暗的一页。

与此截然相反的是，在众神之中，关帝却是神不以神自居。尽管他是众神之神，与孔圣人平分秋色的武圣，但他却能上能下：上，在宫廷里都有他的庙，京城中更有多处，香火鼎盛。明代北京正阳门的关帝庙，受到朝廷的隆重祭祀，外国使臣也不断来顶礼膜拜。下，虽乡间小镇，甚至三家村头都可以有他简陋的庙宇；他关怀天下苍生，屈尊充当描金业、皮箱业、皮革业、烟业、香烛业、绸缎业、成衣业、厨业、酱园业、豆腐业、屠宰业、肉铺业等不下二十几种行业的行业神，在某些作坊里，享受的，不过是一纸画像，烟熏火燎，但从未听说关帝以此为忤；人们叫他关公、关爷、关王、关老爷、关夫子、老关爷，固然皆可，在口语中随便说"关公面前舞大刀""大意失荆州""关羽走麦城"之类，甚至在舞台上，揭他的疮疤，演"走麦城"，也从来没有遭到过什么报应；

在一些北方农村,干旱时农民将关公像抬到太阳下暴晒,以表示对他"官僚主义"的不满……难怪远在天涯海角,都有关帝庙。1992年夏,我在澳大利亚维多利亚省北部的"金矿山",就亲眼看到了一座并不宏伟,却庄严肃穆、香火不绝、一百多年前成了华人淘金工精神枢纽的"关帝庙"。

是神不以神自居——对比之下,人间那些大大小小、是人却以神自居、对百姓作威作福之流,在关帝爷面前,能无愧乎?

圣德服中外,大节共山河不变;

美名振古今,精忠同日月常明。(解州关帝庙春秋楼楹联)

大哉,关羽!

　　　　　　　1997年6月16日于京南方庄老牛堂

别了！"打虎将"

　　虎年将至，忽然想起《水浒》里一位使枪棒卖狗皮膏药的人：李忠。此名从古到今，不知凡几，实在平常，这倒也罢了。那么，他的武艺如何？一言以蔽之：差劲。他是"九纹龙"史进的启蒙老师。在他的教导下，史进能"把一条棒使得风车儿似转"，故十分自负，不想遇到禁军教头王进，较量不到两分钟，便"扑地往后倒了"。王进对史进的老爸笑道："令郎学的都是花棒，只好看，上阵无用。"这事实上也就是对李忠教学成绩的评价。显然，李忠的花棒，与花拳绣腿，乃一路货色。翻遍七十回《水浒》，李忠除了与周通占据桃花山打家劫舍外，无所作为；在三山聚义打青州时，也不过是奉宋江之命，将一匹好马牵给呼延灼骑，实在不值一提。

　　然而，令人惊奇的是，李忠居然有个十分响亮的绰号："打虎将"。其实，就凭他那点本事，别说打虎，就连打狗，恐怕都费劲。更令人称奇的是，他对梁山泊，无大功可言，居然也成了梁山头领之一，列名于七十二地煞，并排名第五十位，位置不低。这岂非咄咄怪事！对此，施耐庵先生并未说明。在不才看来，无非是：他久经江湖，推销狗皮膏药有术，自然也擅长推销自己；有背景——梁山骨干、位居三十六天罡第十三名的鲁智深，就是他的老相识，第二十三名的史进，更是他的学生；与宋江关系也还不错。如此这般，才会使李忠居然也大模大样地坐在聚义厅的一把交椅上，参与决策，接受小喽啰们的朝拜。

但是，位居要津，不等于有真本事，或本事立马大增。不，李忠还是李忠，一个惯打马虎眼、挂虎头卖狗肉的"打虎将"也。这是梁山的悲哀：凡夫俗子混迹于英雄豪杰，泊深浪阔，鱼龙混杂。

反观时下，李忠式的人物又何尝少见？他们把持的部门，或了无政绩，或一塌糊涂。杜绝此等名不符实者混进领导班子，是其时矣。让我们大喝一声：别了！"打虎将"。

12月27日于牛屋

说纸老虎

　　虎，百兽之长，故又称山君，也就是山中皇帝，其赫赫威风，从"谈虎色变"这一成语中，足可想见。但是，世间万物，都是相对立而存在的。有活老虎，就有死老虎；有真老虎，就有假老虎；有张牙舞爪、令人毛骨悚然的老虎，就有毫无力气、顶个屁用的纸老虎。此乃某可断言也。

　　关于死老虎，难得见到，但倘若你关注媒体，仍可从胆大妄为的偷猎者枪下，惨不忍睹之。至于假老虎，最典型的，莫过于明末嘉定县沙冈桥附近的那"一只"：当时，这里一度曾"遍地皆虎迹"，吓得人们早晚都不敢走路。后来发现，原来有个和尚蒙着虎皮，穿着虎趾爪形的鞋，"盖贼秃为此邀夺过客"。（《外冈志》）显然，这个冒充老虎的秃驴，与《水浒》里冒充李逵剪径的李鬼，是"今古何殊貉一丘"。晨钟暮鼓、慈悲为怀的佛门中，竟然跑出假老虎害人，这是令人惊诧的。

　　说到纸老虎，自从几十年前，毛泽东形容具有极大杀伤力的原子弹，及其最早的拥有者、称霸世界的美帝国主义不过是纸老虎，从此"纸老虎"一词名满天下。毛泽东的形容，是否确切，有些君子持有异议，此处不加枝蔓。惭愧的是，笔者最初听到毛泽东的宏论，尚是乡间少年，还以为纸老虎是毛泽东的一大发明。及长，始知民间口语中，就有纸老虎的说法。近几年不才颇留心某些常用口语的来龙去脉，如"发财""三百六十行""开门七件事""酒色财气"等，已逐一写成考证文章发表。但"纸老虎"一词，最早是谁发明？始于何书记载？不学如我，至今考而未得。这里，谨向近年来几有雨后春笋之势出现的新国学大师求教：请不吝指点，如何？先行叩谢了！当然，这并不等于说，笔者对纸老虎的蛛丝马迹，一无所知。我推测纸老虎至迟在宋代，恐怕就出现在人们的口语中了。施耐庵夫子笔下的名人、十几年前又被巴山鬼才魏明伦先生炒得火爆的潘金莲女士，当其夫武大推门捉奸时，她见情夫西门庆慌作一团，不禁大怒道："见个纸虎，也吓一交！"(《水浒》第25回)此纸虎，不就是纸老虎之谓吗？武大身材短小，手无缚鸡之力，知夫莫若妻，潘金莲说他是纸老虎，其实倒没有小看他。耐人寻味的是，古代山川丰厚，林木茂盛，山窝水曲，每有丛莽，故老虎甚多。虎既成群，必有窝囊废在。据宋人灌园耐得翁《就日录》载："顷有一村夫入市醉归，临崖而睡。有虎来嗅之，虎须偶入醉者鼻中，醉者一大喷嚏，其声且震，虎惊骇落崖而毙。"你看，这只老虎竟被区区喝醉酒村夫的一个大喷嚏吓死，与纸老虎有什么两样？真乃虎身其外，败纸其中，大概是虎中的纨绔子弟，或小花脸之流。武松在景阳冈上，如果碰到这样的老虎，也许一声断喝，伸出一只小拇指，就足以使它灵魂出窍了！

寒斋所藏工具书不多，翻了几本，觉得还是出版于六十年前、后多次重印的《辞海》，对纸老虎的解释最为简要、妥帖："俗谓徒著外观而无实际者为纸老虎；亦称纸扎老虎。"妙的是，晚明山人气息极重、以务虚名为啖饭之道、被清初剧作家蒋士铨讥为"翩然一只云间鹤，飞来飞去宰相衙"的松江（按：古称云间）陈眉公，曾著有《虎荟》一书，但所谈东扯西拉，牵强附会，往往与虎毫不相干。这样的虎扯淡，乃胡扯淡也，实在也是纸老虎。

不过，"徒著外观而无实际者"，又岂独陈眉公一人而已？环顾寰中，在商界、政界、学术界、文化界，这样的人我们见的还少吗？如此看来，纸老虎古虽有之，于今为烈。如果让此辈发展到"滔滔天下皆是"，则比真老虎成群结队下山，更祸莫大焉。

牛年岁尾：元月十八日于京南

说风马牛

"他娘的，压根儿是风马牛嘛！""真乃风马牛不相及也。"——在日常生活中，我们不时能听到不同生活圈中的人，把"风马牛"挂在嘴边上。何谓"风马牛"？《辞海》之类工具书告诉我们，语出《左传》僖公四年的一段记载："君处北海，寡人居南海，唯是风马牛不相及也。"汉代有注疏家说，雌雄引诱叫作风，马与牛不同类，二者雌雄间当然不会互相勾搭，比喻二者全不相干。当然，这样的解释也不过是一说，未必准确。明代都卬则认为："牛顺物，乘风而行则顺，马健物，逆风而行则健。"（《三余赘笔》）这就是说，牛爱顺风走，马喜逆风行，二者对风势的适应性完全不同。如此解释"风马牛"，似乎更合情理。其实，与"风马牛"相近似的词"牛头不对马嘴"，通俗、明了，一望、一听，便知其义。同样一句俗语，分明也显示出"阳春白雪"与"下里巴人"之别。

说来也许是不幸，自从人类把马、牛之类动物从野生驯化为家养，结下不解之缘，人类自身面对纷繁复杂的大千世界，有意无意地演出一幕又一幕"风马牛"的喜剧、闹剧，甚至是悲剧。对此，马、牛无言，当然当不了评论家；倘若彼辈也有"特异功能"，洞察人类的这一切，肯定要笑掉比人类牙齿要大好多的大牙的。

《笑林广记》卷5载有二事。其一：某位怕老婆者，忽然在梦中哈哈大笑。其妻摇醒他，诘问梦见何事而如此得意？他老实相告梦娶一妾，妻竟大怒，罚他跪床下，并用家法杖之。其二：夫妻相骂，夫发狠道："我明日做了皇帝，就杀了你。"妇闻之甚忧，哭个不停。邻女劝解说："哪有此事，不要听他。"不想妇说："我家这个臭乌龟倒从不说谎的，自养的儿女，前年说要卖，当真的去年都卖去了。"这不失为二幕小闹剧，但我们读后，却有喜剧效果：颇堪发噱。何以故？梦中娶妾，与实际上娶妾，以及卖自己的儿女，与做"老子天下第一"、操生杀予夺头等大权的皇帝，根本是"风马牛"，或用上海话讲"一眼眼弗搭界"嘛！唯其如此，才构成幽默，令人捧腹。

当然，此辈皆"愚夫愚妇"，于无意中做了牛头不对马嘴的事，除了自寻烦恼，并给旁观者留下笑柄外，于社会并无挂碍。倘若我们留心观察身边的人和事，这样的笑料，其实是并不罕见的。

而对封建统治者来说，他们的种种倒行逆施，实际上便是七扯八搭，偏要"风马牛"。一代名将史，千年孤臣泪。韩信、岳飞、于谦、袁崇焕等冤狱，是人们熟知的。他们的罪状，有哪一条站得住？罗织、构陷，把零说成一万，根本是牛头不对马嘴。"文革"去今未远，人们记忆犹新。在那个"黑漆漆装下了陷人坑，响当当直说出瞒天谎"的荒唐岁月里，大而至于朱德与毛泽东会师井冈山，被篡改成林彪与毛泽东会师井冈山，刘少奇被戴上"叛徒、工贼、内奸"的万丈高帽；小到上海一家工厂车间开批斗会，喝令一青年工人交代解放前的所谓反革命活动，此君只好嗫嚅着如实交代："当时我还穿开裆裤呢，有时到弄堂口看大小囡打弹子白相。"与会者忍不住哄堂大笑。如此等等，真个是"风马牛"横行无忌，无处不在。哭耶？笑耶？哭笑不得也。历史的悲哀，莫此为甚。

无可奈何花落去，"牛马"依旧乘"风"来。时下的"风马牛"乘着种种不正之风，越闹越猛，令人心忧。三句不离本行，即以我捧饭碗的史学界而论，"风马牛"又何曾少见？沸沸扬扬的李自成结局之争，相当典型。经过几代史学家的研究、考证，李自成在顺治二年（1645年）五月殉难于湖北通山县九宫山，是一清二楚的，国务院也已于1988年批准九宫山下的李自成墓为全国重点文物保护单位。但是，湖南石门某些人士不甘罢休，偏要硬说与李自成毫无关系的"奉天玉"和尚就是李自成，大兴土木，盖起所谓的"闯王陵"。近几年又在子虚乌有的"郭沫若得意门生"操纵的明史会支持下，掀起阵阵风波，迷惑视听。好在鱼目岂能混珠，牛头毕竟永远对不上马嘴。中国社科院历史所奉命成立的以著名历史学家王戎笙教授为首的李自成结局课题组，经过刻苦研究，排除了种种干扰，终于得出了科学结论，重申李自成殉难通山是千真万确的，李自成的石门出家说，是对历史真相的严重歪曲。现在课题组已结题，结论已上报有司。据悉，国家文物局奉命派出的专家组，在考察了陕西、石门、通山的实物后，也否定了石门说，肯定了通山说，结论也已上报有司。是的，那些至今也未写过李自成之死一篇文章，却以权威学者自居者，以及对清史、尤其对南明史尚未入门却自我感觉极好者，今后还会借助于地方保护主义势力，再搞点名堂，但还能糊弄得了谁呢？"风马牛"毕竟只能是"风马牛"！

看来，只要有人类社会，只要有风，有马、牛，"风马牛"的现象就一定会存在。关键在于：君子当明察，不要为政治文化领域里的"风马牛"喝彩，更不要利用手中的权力，去炮制形形色色的"风马牛"。如是则幸甚、幸甚矣！

虎年正月二十五日于老牛堂

再论九斤老太与谢都管

九斤老太是鲁迅小说《风波》里的名人，她的"一代不如一代"的名言，使她几乎成为保守的、向后看的典型；谢都管的名气比九斤老太差远了，但看过《水浒》的人就知道，他是大名府梁中书家的奶公，一个具有特殊身份的高级家奴，一听到杨志说"如今须不比太平时节"就勃然大怒，斥责杨志"你说这话该剜口割舌！今日天下怎地不太平？"显然，这是个闭着眼睛，粉饰太平的家伙。对于这二位，我曾经著文批评。近日因"吃饱了撑的"，胡乱想些类似杂文家陈四益所形容的"瞎操心"的事，忽然悟到我对九斤老太不够尊重，而对谢都管则未免小看了，显然都不妥，因此有必要再论。

九斤老太在《风波》中刚出场时是七十九岁，风波结束后，"早已做过八十大寿"，在"人生七十古来稀"的当年，她老人家确实是高寿了。至少在她居住的村庄里，她的生活经验，要比别人丰富。她所说的"一代不如一代"，也就是今不如昔，也并非毫无事实根据。例如，她常说"年轻的时候，天气没有现在这般热，豆子也没有现在这般硬"，就是说的大实话。倘若你翻翻竺可桢老先生的气象史就可以知道，自古以来，中国天气发展的趋势，是温度在缓慢地升高；而当代气象学则告诉我们，岂止是中国，整个地球的气候都在变暖。至于豆子，分明是她老了，牙齿不灵了，比起年轻时嚼炒蚕豆的所向披靡来，恍如隔世，自然觉得蚕豆比过去硬多了。又如七斤嫂与八一嫂怄气，用筷子扎六斤的头，使她手里的饭碗掉在地上，破成一个大缺口，七斤公然大喝一声"入娘的！""一巴掌打倒了六斤"，显然太粗暴，此时的九斤老太，倘不感叹"一代不如一代"，而是连连喝彩"一代胜过一代"，岂不是太奇怪了吗？当然，这些毕竟还是小焉矣哉。从大的方面说，她老人家生活在清末民初的鼎革之际，清朝灭亡了，她并没有捶胸顿足，张勋复辟了，她也没有兴高采烈，可见老太太大事不糊涂。更需指出的是，在那个社会激烈动荡的岁月里，即使是她生于斯、长于斯的江南绍兴乡下，民生凋敝，物价腾飞，阿Q们、孔乙己们，生活都很贫困，喘息在饥饿线上。她没有如半个世纪后有人高叫的那样，"形势大好，空前的好"，更不会说出"莺歌燕舞"那样文绉绉的肉麻话，面对艰难世事，感到不解与无奈，除了感叹"一代不如一代"外，还能做什么呢？其实，她觉得有老米饭、霉干菜吃已经知足了，何尝有半点鼓动儿孙造反之心？应当说，九斤老太本质上是个老实人，好老太，比那些摇身一变

"咸与维新"、挂羊头卖狗肉的"革命党""柿油党"不知要好多少倍。

至于谢都管，小看不得。他虽然只是梁中书老婆奶妈的丈夫，人称老都管，但身份特殊，受到梁中书的重用。看来，他与其妻是梁中书老婆从幼儿到成人的陪伴者，并陪嫁到梁中书家，是在蔡京太师府中见过大世面的人。他训斥杨志曰："我在东京太师府里做奶公时，门下军官见了无千无万，都向着我喏喏连声。"便是明证。而且，他连"四川、两广，也曾去来"，是个很受重用、经常出远差的侯门心腹。因此，他的消息肯定灵通，对北宋末年危机四伏、农民起义不断的社会形势，是很清楚的。但是，他作为权奸的走卒、贪官的帮闲，自然是顽固地站在反动立场上，胡说天下太平、形势大好。他与九斤老太，属于两个营垒，具有本质的差异。九斤老太的嘟嘟囔囔，是有口无心，而且有些确是事实；谢都管则完全是别有用心！

鉴古知今。对于现实生活中类似九斤老太者的牢骚，我们应耐心倾听，不要动辄斥之为"吃肉骂娘"；而对粉墨登场的谢都管，则切不可重用。

虎年3月9日于老牛堂

史家回归赞

　　文史本来是一家。司马迁的《史记》，不仅是伟大的史学著作，也是杰出的文学作品，尽人皆知，固不必论矣。即以现代而论，一些著名的历史学家、古典文学专家、考古学家，都曾经写过小说。如尚钺教授1928年即出版过短篇小说集《斧背》；裴文中教授1924年发表过短篇小说《戎马声中》；冯沅君教授1927年出版过小说集《卷葹》，是五四新文化运动后享有盛誉的女小说家之一。鲁迅先生在《中国新文学大系·小说二集》的序言中，对这几位的文学成就，都有所论列、肯定。著名文史学者钱基博先生则写过武侠小说《老镖客》《甘凤池》。先师谭其骧教授，生前曾告我，他也写过小说，后来兴趣才转到史学，并专攻历史地理学；周予同教授虽未写过小说，但早年也酷爱文学，今天我们重读他的《过去了的五四》《僵尸的出祟》，仍然会深感这是优秀的散文、富有杂文气息的学者随笔。不久前才去世的对魏晋南北朝史、宋史研究有素的程应镠教授，抗战初期，在西安从戎，也写过短篇、中篇小说。如此等等。令人纳闷的是，这些小说家或原本立志要当小说家的著名学者，后来为什么放下写小说的笔，也就是让文史彻底分家？个中原因，这里不予探讨，以免枝蔓。文史分家的弊端，是显而易见的。某些作家取材于历史题材的小说、影视作品，往往完全游离于历史真实之外，因而也就不可能有艺术的真实。包括笔者在内的史家，对这种无历史文化的文化现象，颇感不满，但不无困惑的是，经不起他人反诘：你们历史学家只会指手画脚，你们怎么不写历史小说、影视作品呢？也许正是这种"逼上梁山"的态势，使几位史学家按捺不住，终于继承先辈文史结合的传统，挥笔上阵，写起长篇历史小说来。特别令我兴奋的是，仅我所在的中国社科院历史所，就已有三位史学家，在历史小说的创作方面，取得了可喜的成就。

最近，现代出版社出版了廖心一先生著的《正德皇帝全传》，共四册，一百万字，真是洋洋大观。这是著者"明史纪实小说系列"的一种，接下去，还要继续推出写明朝其他皇帝的长篇小说。这是一部令人耳目一新的长篇历史小说。可以毫不夸张地说，是本世纪明史领域内所创作的历史小说中，带有里程碑性质的佳作。廖心一八十年代初师从著名历史学家王毓铨研究员专攻明史，研究生毕业后，留在明史研究室从事研究工作，我们曾共事多年。他治史严谨，学风正派，著有《明朝史话》及多篇学术论文，是明史学界的后起之秀。八十年代末，他因妻儿故移居香港，近年返京长住，搜集史料，并正努力争取重返研究岗位，但愿有司勿戴有色眼镜看人，更不要"武大郎开店"；此附笔述及也。廖心一不仅有扎实的史学功底，而且有很好的文学素养。正是这二条，有力地保障了他头一次写长篇历史小说即出手不凡，一鸣惊人。引人注目的是，他写的是"明史纪实小说"，所谓纪实，是指书中所写内容，百分之七十都是有史料依据，历历可考，而用文学想象虚构的部分，则仅占百分之三十。我将此书粗读一遍，感到他对明武宗一朝的历史，做了深入、细致的研究，于当事人的文集、野史、笔记，下了相当大的苦功，否则不可能对那样众多的历史人物的行为举止，包括一些生活细节，了解得那样透彻；而涉及政治、军事制度，以及种种典章及职官、称谓、风俗等，无外行话，真是难能可贵。但是，小说的根本一条，是好看，关键在于能否将那些"死人"写活，塑造出生动鲜明，能够打动读者，关注其命运的人物形象，否则读者就不可能看下去。我认为，作者刻画的主要人物正德皇帝、刘瑾、李梦阳、王阳明、赵等人，以及宠妃刘氏、苏州才子徐祯卿等等，都活灵活现。他使用的是相当精练、准确的书面语言，也许这是写历史小说最好的语言，至少我是偏爱这种语言的，用以刻画古代的人和事，更易接近不啻已是遥远的梦的彼时氛围。作者平时即富有幽默感，这使他的笔端，每有彩头，令人读之解颐。如写刘氏："她面带微笑，眼送秋波，眉浓鼻挺，唇红齿皓，天生的八分妩媚、二分端庄。今日见了皇帝，她端坐不动，面无表情，妩媚还余二分，却有了八分端庄。……皇帝抓起刘氏的双手，轻轻抚弄，面带笑容地说话。见了八分妩媚的刘氏，他口称爱妃，见了八分端庄的刘氏，他学着小太监们的腔调，口称娘娘。"读来忍俊不禁。作者对他稔熟的史料，精心剪裁，进行文学再创作，文笔相当细腻，有不少精彩的场面。如写徐祯卿拜见王阳明，二人的对话；徐祯卿从容永别人寰，王阳明写了非常精彩的墓志致悼，都相当传神。又如写流民起义领袖赵（绰号赵疯子）在小酒店的墙上挥笔写下著名的诗句："魏国英雄今已休，一场心思付东流。秦廷无剑诛高鹿，汉室何人问丙牛？野鸟空啼千古恨，长江难洗百年羞。西风吹散穷途客，一夜游魂返故邱。"然后面对前来捉拿的官兵，"没有反抗，束手就擒"。读来真是大气磅礴，不落俗套。虽说此诗系赵所作，乃野史传闻，靠不住，但作者用为小说家言，浓笔渲染，是完全可以，并是很成功的。

更令人欣慰的是，著名宋史专家王曾瑜研究员近年来在治史之余，正在创作"岳飞与宋高宗系列小说"，第一卷《靖康奇耻》已经交稿，将由河南大学出版社出版，第二卷《建炎风云》也已接近完稿。我与曾瑜臭气相投，彼此相当了解。曾有国内外的学者，在国内或海外向他或我打听，我俩是否是弟兄？我们都不约而同地答曰：不是弟兄，胜似弟兄。八十年代以来，他出版了多种宋史专著，受到史学界的好评，其中包括《岳飞传》《宋高宗传》。他文思敏捷，具有忧患意识，而且很有文学功底，因此我敢说他的历史小说出版后，一定不同凡响。谓予不信，拭目以待。

我对清史专家周远廉研究员深怀敬意。他是位很勤奋的学者，著有《乾隆皇帝大传》《顺治帝》《皇父摄政王多尔衮全传》《清代租佃制研究》等多部学术专著。他退休前，我从未听说过他与文学有什么关联。可是，他在退休后，以年过花甲之身，勇敢地跳进大海——我指的是文海，以顽强的毅力，钻研文学，他不但是历史研究所，也是史学界著名历史学家中第一个拿起笔从事长篇历史小说创作的人，已先后出版了近五十万字的《香妃入宫》（华艺出版社）、近四十万字的《乾隆皇帝下江南》（北京燕山出版社），以及即将出版的长篇小说《天下第一清官》。前述二部小说我都读过，是历史学家创作历史小说的有益尝试。远廉兄创作历史小说的目的，在于澄清重大谬误传说，传播历史研究成果，给读者好的精神食粮，让他们爱看。我以为，他的创作目的已经实现；这些小说出版后，受到读者欢迎，便是明证。

壮哉！史家回归。周远廉、王曾瑜、廖心一诸先生拍马上阵，在文学领域驰骋，这是本世纪末中国史学界、文学界出现的非常可喜的新现象。他们的作品，也许还有这样、那样的不足。但是，他们在学者作家化、向文坛挑战，以及向历史题材创作中的庸俗化宣战方面，迈出了坚实的、成功的一步。据我所知，还有几位文学修养很高的著名史学家，也在准备写长篇历史小说。我觉得，无论是史学界，还是文学界，都应当为史家回归文坛，开创文史结合的新局面大声喝彩!这难道还有疑义吗?

虎年3月12日于牛屋

"大有大的难处"

"大有大的难处"——这是《红楼梦》里凤辣子的一句名言。其实,这句话的发明权,并不属于聪明绝顶的王熙凤,当时民间已经流行此语,现在民间仍在流行;只是经凤姐一说,更加流行了,这就是名人效应。

"大有大的难处",语极俗,但包含的政治文化底蕴,却极丰富,很值得为政者、为商者、为学者、持家者等琢磨。

我不敢说国人有好大的劣根性,但从历史上看,我们吃片面追求大的亏,真是太多了。不必说得太远,不如"厚今薄古":"大跃进"时代的种种往事,我们是记忆犹新的;什么"一大二公",结果导致大刮"共产风""平调风";这个大办、那个大办、"万马奔腾"的结果,大则大矣,但对国家、人民造成的损失,真是太大了。对此,党中央早已总结了经验教训,做了决议,是个很好的殷鉴。

但是,尽管"殷鉴不远",某些人士却似乎又忘记了"大有大的难处"。一些地方搞的企业,一味贪大,并重复建设，结果建成之日，就是亏损、甚至是注定非破产不可之时；四川有个驰名世界的乐山大佛，高入云表，气势恢宏，是难得的古迹，而某地偏又别出心裁，造了一座更大的佛，立于大河之滨，其实，不过是假古董而已；近年来的图书，书名越来越大，"大全""集成"之类满天飞，由几百万字到几千万字到几亿字；中国通史本已有好几种，范老、郭老、翦老主编的通史，各有千秋，完全可以满足读者需要，但现在有人出来声称，三老的通史不行了，他正在主编逾千万字的大通史……如此等等，不一而足。对这些贪大务虚的现象，该说什么好呢？我想奉送的，还是这句老话："大有大的难处"——朋友，请仔细掂量这句话的分量！一味求大，走向反面的教训，我们见的还少吗？

5月6日于老牛堂

说鼓噪

"鼓噪"一词，常常出现在人们口语中。倘有谁不明其义，随便翻翻《辞海》，立刻就会明白：此乃鸣鼓而喧噪也。古代沙场上冲锋、厮杀时，均鼓噪不已，目的在于造声势，壮军威，惊敌胆。这当然是必要的，无足称奇。

令人称奇的是，近几年来，某些人士不知是误把文场当沙场，还是有心让文场等同旧沙场，不时掀起阵阵鼓噪，虽说还不至于使人胆战心惊，但肯定使一些不明真相者，尤其是阅世未深的青年，头晕目眩。

曾记否？几年前，一些人在报刊、电视上连篇累牍地吹捧王同亿是"词典专家""著作等身"，并在照片上、镜头上，亮出他的皇皇大著。然而，近来北京高级法院的一纸终审判决书，终于使他原形毕露：剽窃他人著作、名誉扫地的词苑扒手。面对这张判决书，当年群起鼓噪者不知作何感想？

也许王同亿这样的学界"鼓上蚤"人物，不值得一提。令人困惑的是，某些在学术上斐然有成，甚至早已置身名家之列的学者，也参加鼓噪的行列，真是何苦来！去年春天，我在沪某高校宾馆小住，正值某部文学史著作刚面世，但见又是大红横幅标语，又是五彩斑斓的招贴画，又是著者签名售书活动，又是专家云集的座谈会……众口一词，说这部大部头文学史，学风如何严谨，观点如何新颖，甚至说是"展示了全新的学术视角"，"是'石破天惊'"。但是，正是这部所谓"横空出世"的著作，出版仅仅几个月，却又忙着出增订本了。何以故？主编宣称，因为"不足之处和缺陷颇多"，"约三分之二的篇幅"必须"另起炉灶重写"。既然如此，此书为什么还要匆匆出版？而那些对这部"缺陷颇多"的著作，大肆喝彩者，不是一味鼓噪又是什么？

诸如此类，例子不少。对于优秀著作，无疑需要宣传。但是，对于伪作、平庸之作，用鼓噪法来推销，只能是欺世惑民。文场非沙场，鼓噪应休矣！

8月29日于老牛堂

哀小陈

小陈，我的同事，副研究员。去年夏天，她病逝于北京同仁医院，年仅四十九岁。

"忍看朋辈成新鬼"，何况是我的后辈，这使我深感悲哀。小陈没有读过大学，后调入我们的研究所搞资料。凭着她的刻苦，不仅学会日语，更努力钻研史学。她的好学感动了我，我悉心指导她写作史学论文。她的关于清初海禁与海上贸易的论文，便是由我具体指导、详加修改、亲自推荐发表的。应当说，是我把她带入史学的大门。十几年来，她发表过十几篇学术论文，并有翻译作品问世。对于一个自学者来说，能取得这些成绩，难能可贵。她正当壮年，若天假以年，她会取得更多的成就。

但是，小陈之死，最令我感到悲哀的是，她居然死于迷信。她不信上帝，也不信鬼神，当然也就不会向谁焚香叩拜。那么，她迷信什么呢？在她去世以后，我才渐渐弄明白：大约十年前，也不知受谁影响，她迷上某一种气功，从此爱不释手，难以自拔。生病了，她再也不去医务室，更遑论医院，认为气功能治百病，练一会儿功就什么病都好了。她本来矮矮胖胖，很结实，我曾戏称她是"秤砣小姐"，可近几年，不对了，越来越瘦，脸色蜡黄。在她去世前的个把月里，连自行车都骑不动了，她却说自己没病，气功已达到最高境界：天门已开，看到了天外天，金光万丈，瑞气千条。其实，她已走火入邪魔，精神错乱了。有一天，终于不支，送进医院，医生检查后说，她的内脏器官已全面衰竭，仅仅两天，即长辞人间。精、气、神，人之三宝也，小陈却自己将之无端耗尽了。

真正的气功，无疑是有益于健康的。但把它奉若神明，当作迷信，拒绝科学的医术，则危害大矣。小陈之死，即为一例。我们应当用科学世界观武装自己的头脑，即使是从事科学研究的高级知识分子也不能例外。小陈不也是一位高级知识分子吗？愿小陈的悲剧不再重演。

（作者附识：1997年夏天，我写了一篇短文，哀悼因练功走火入魔而死的同事陈柯云女士。我认为她实际上是死于迷信。我至今不知道她练的是什么功，又担心她的丈夫、女儿不高兴，故此文发表时，仅冠以《哀小陈》的题名，未写出名字。近日陈柯云的老同学告诉我，小陈的心脏病严重到双腿浮肿，发烧至四十度，就是不肯去医院。病危时，还是她嫂子强行送她去医院的。我再一次感到震惊。为了提供一个惨痛的实例，让盲目修炼那些装神弄鬼的功法及迷信伪科学者引以为戒，我将此短文重新发表。除了写出小陈的名字，其余未作改动。7月28日）

学林探索贵涉远

不少古代学人，把读万卷书、行万里路，作为座右铭。但是，囿于客观环境，真正能做到的，毕竟是少数。在有幸遂愿者中，如司马迁、徐霞客、顾炎武，都是一代学术宗师。

但是，纵观学术史，古往今来卓然成大家者，其成功之道，不仅在于读万卷书，行万里路。何况在当今现代化的交通、印刷、图书流通条件下，行万里路、读万卷书者，大有人在。无论是古圣还是今贤，恐怕更重要的一条，是在于他们治学时，能跳出传统樊篱，独辟蹊径，不畏"路漫漫其修远兮"，在陌生的领域斩荆棘，辟草莱，垦春泥，探索新问题，建立新学科，使一面面崭新的旗帜，在学林的长空间冉冉升起。

即以近代史学而论，梁启超敢于摒弃传统的史学体系，抨击二十四史不过是"二十四姓家谱"，是"空前绝后"的"相斫书"，与普通百姓无关。他高举"史界革命"的旗帜，建立起资产阶级"新史学"，写了大量令人耳目一新的著作，如《中国近三百年学术史》《清代学

术概论》，至今仍是学者的必读书。又如王国维，提倡
"二重证据法"，用地下出土的甲骨文、金文证史，写了
《殷卜辞中所见先公先王考》《续考》《殷周制度论》等
名篇，将我国古代历史的真实性，提高到一个全新的高
度；他的《宋元戏曲史》，同样是中国文化史的里程碑。
郭沫若曾经盛赞王国维的学术成就"好像一座崔巍的
楼阁，在几千年的旧学的城垒上，粲然放出了一段异样
的光辉"（《中国古代社会研究·自序》）。试想，如果梁
启超、王国维沿着老路走，他们的成就再大，充其量也
不过是乾嘉学派的殿军，不可能成为近代资产阶级史学
的开山祖。与他们同时及其后的史学泰斗，如陈寅恪、吕
思勉、陈垣、郭沫若、范文澜、翦伯赞、李济、董作宾、侯
外庐、谭其骧、胡厚宣……无一不是因为他们能在史学的
"城垒上"独树一帜，经过长期的苦苦探索，"放出了一
段异样的光辉"，才会在史学的长河中，群星闪烁，彼此
辉映。

　　1949年以来，特别是党的十一届三中全会以来，史
学界著述如林，成就巨大。肩负承上启下使命的中年
一代，在一度感叹锦绣年华曾被人为虚掷之后，并未气
馁，沿着前辈的足迹，奋起直追，涌现出一批有作为的
史家。但是，毋庸讳言，跟前述大师相比，在学术水平
上，还要差很大一截，而且如不正视，差距还会越拉越
大。早在好几年前，人们即在私下议论："三老之后，群

雄割据。"三老是指郭老、范老、翦老。显然，议者并非是要推举谁来当史学界的"大元帅"，而是嗟叹再出现具有三老那样高水平的大史学家，恐怕是不可能了。这是值得我们深思的。

诚然，我们无需像极左年代里那样，愚蠢地以某个学术大师为目标，来个"比学赶帮超"，我认为，缩短与史学大师的差距，最有效的途径，就是学习他们的治学态度、治学方法。亡友杨廷福教授生前曾与陈左高先生合作《无锡国专杂忆》一文，探讨该校培育人才的经验。文中有两句诗谓："学林探索贵涉远，无人迹处有奇观。"这是对前辈史学大师治学经验十分形象、深刻的概括。反观当今史学界，有些学者治史不是"贵涉远"，而是抄近路：用二手、三手资料写文章、编书者有之，甚至连编史料汇编，也居然用转手资料；不远万里，从外国人的著作里倒卖牙慧，腾云驾雾鼓吹新玄学者有之；既不懂外文，国学亦无根基，却大谈中西文化比较及交流史者有之；对某些问题反复炒冷饭者有之；个别青年人甚至认为无需读史料，做卡片，关键在于所谓史学方法的变革，指望有朝一日，可以毫不费力地享用从天上掉下来的史学馅饼；如此等等。这些现象，虽然并非主流，但影响不小，不可等闲视之，而拿他们与前贤相比，相差又何止十万八千里。

"江山代有才人出，各领风骚数百年。"新时期呼唤新的史学大师。有志者如果能像我们杰出的前辈那样，"学林探索贵涉远"，在"无人迹处"的荒原上拓展新的史学领域，开垦不止，就有希望出现奇观，取得辉煌成果。我们满怀信心地期待着。

吉羊无车马

吉羊无车马，倏忽到九州——我所说的吉羊，不是指旧时供桌上的祭品，而是指消息传来，立即让神州亿万人瞩目的克隆羊。不少人忧心忡忡，认为这无性繁殖的小家伙，与自有人类以来老祖宗的传统生育法，太不合辙了，这会给人类自身带来惩罚。余谓不然。克隆羊的问世，堪称是捎给人类的佳音，誉为吉羊，应无疑义。

何以故？答曰：生命科学一日千里的发展，创造出惊世骇俗的奇迹，改变了人类思维的定势，这对意识形态领域的冲击，对社会科学的巨大推动作用，恐怕是难以估计的。倘若时光倒退将近五十年，并且假定克隆羊当时已在美国问世，在咱中国，不但无人相信，而且多半会斥之为是"资产阶级伪科学"炮制的谎言。因为，那时米丘林、李森科被人为地定于一尊，杰出的摩尔根学派竟成了过街老鼠。然而，曾几何时，克隆羊横空出世，再一次雄辩地证明："一尊"之类，都不过是人造的幻影。

附带再说一点，不才常"以小人之心，度君子之腹"，这里不妨再冒昧一次：但愿国粹派们不要眼睛一翻，说：有啥稀奇？我们的女娲，早就开始无性繁殖了！

·贰·

人海浪

国家不幸关公幸

　　一部中国政治史，足可以证明：除了在特定的历史时期内，统治阶级上层为争权夺利，不惜制造动乱，鼓噪"必需大乱、特乱"外，无论是最高统治者，还是平民百姓，无不希望社会安定，人民能安居乐业。堪称典型的是，据《李和文遗事》记载，北宋仁宗赵祯身上的玉带非常漂亮，侍臣皆注目。仁宗回到宫内，问太监："群臣为什么盯着玉带看个没完？"太监答道："他们从来未见过这样珍奇的玉带。"仁宗说："这根玉带应当送给外邦的首领。"身边的太监们都说："这是天下至宝，赐外夷可惜。"仁宗严肃地说："中国以人安为宝，此何足惜！"①道理很简单：如果安定的政治局面被破坏，社会动荡，天下大乱，对谁都没有好处。但是，社会安定的保障，必须有强大的物质基础与深入人心的精神支柱。而关羽，正是对国人精神支柱产生重大影响的历史人物。

　　关羽是人，也是神；他的从人至神的衍化，从一个

---

① 宋·王明清：《挥麈前录》卷1。

侧面，反映出中国政治文化发展的轨迹，适应了"人安为宝"的政治需求。

作为一个人的关羽，他的事迹，基本上均见于陈寿《三国志》卷36本传所载。要言之：他生于东汉桓帝延熹三年（公元160年），卒于献帝建安二四年（公元219年）。字云长，本字长生。美须髯。河南解县（今山西临猗西南）人。好《左传》，讽诵略皆上口。后从戎，三国时蜀汉大将。刘备定西蜀，他留镇荆襄。后与孙权军作战，兵败被杀。这里需要指出的是，曹操曾表封关羽为"汉寿亭侯"，以酬其斩袁绍大将颜良之功。今日民间戏文，往往径称关羽为"寿亭侯"，这是误解。其实，古人也有误解者，乾隆时的考据家即已指出："关云长公封汉寿亭侯，汉寿本亭名，今人误称寿亭侯。"①据清初大学者顾炎武考证，秦制十里一亭，汉大体承其制，亭侯"则建武中似已有"矣，而且被封亭侯者，颇不乏其人。②由此可知，长期以来，囿于正统思想，人们爱称道关羽的"汉寿亭侯"，而究其实，那不过是个十里小邑之主而已。

但是，关羽终于成了神，而且神权越来越大。这一造神运动，经历了漫长的历史过程。据《汉天师世家》谓，宋崇宁二年（公元1103年），第三十代张天师应宋徽宗所请，为解州盐池降妖，徽宗问用何将，张天师即召

---

① 清·杭世骏：《订讹类编》卷4。
② 清·顾炎武：《日知录》卷22。

关羽于殿左见驾，帝大惊，赐以手中崇宁钱，从此关公即成了"崇宁真君"，这是他受封之始。^①但是，正如清朝有的学者所指出的那样，"其立庙之始不可考。俗传崇宁真君封号出自宋徽宗，亦无据。"^②实际情况是，至迟北宋末年，确有关公庙的出现。就北京而论，有记载说，"关王庙，一在积庆坊，宋建。"^③别地方志中，也有相关记载。可见北宋祀关公，并非空穴来风。解州盐池，事关国计民生甚大，对关公更是倍加崇敬。有记载说，"至宋大中祥符之甲寅，盐池大坏，关壮缪以阴兵与蚩尤大战而破之，始为之建祠。至崇宁元年，加封关为忠惠公，大观二年，又加武安王。盖关自以桑梓之乡，加意拥护。而盐池之功，遂超盐神而上之矣。"^④有的关公庙更被称为"太平护国武安王庙"。也有资料说，从北宋到南宋，关公先后被封显烈王、忠直公、义勇王、英济王等。至明代，关公作为神，达到辉煌的顶点。明中叶后，时人惊呼"关庙自古今，偏华夷。其祠于京畿也，鼓钟接闻，又岁有增焉，又月又增焉"^⑤。真是日新月异。至万历四十二年（公元1614年）十月十一日，司礼监太监李

---

① 清·钱曾：《读书敏求记》。
② 清·阮葵生：《茶余客话》卷4。
③ 明·沈榜：《宛署杂记》卷19。按：关公立庙之始，有谓隋、唐、宋等，说法不一，俟详考。
④ 明·沈德符：《万历野获编》卷14。
⑤ 明·刘侗、于奕正：《帝京景物略》卷3"关帝庙"。

恩齐捧九旒冠、玉带、龙袍、金牌，牌书"敕封三界伏魔大帝神威远震天尊关圣帝君"，于正阳门祠，建醮三日，颁知天下。但祭礼时，正式称帝，是天启四年（公元1624年）七月，礼部复题得旨之后。从此，关帝更是名震华夏了。

由此不难看出，在国势积弱，强虏入寇，边患日重的北宋末年以及明朝万历后期，关公日益被人神化，而终于成为众神之上的最高尊神，正是反映了那个时代的精神呼唤：需要一个文武双全、勇毅盖世的偶像，来护国保家，激励世道人心，从而实现社会秩序的长治久安。清代学者曾指出，"汉以后称勇者，必推关、张。"关公之名，"不唯同时之人望而畏之，身后数百年，亦无人不震而惊之。威声所垂，至今不朽，天生神勇，固不虚也。"[1]请关公出来伏魔——扫除"虏夷之患"，当然是最合适的人选或神选了。明朝人彭梦祖《题关公祠》诗曰：

> ……我公赫赫雷在天，虽亡未亡千百年，戈戟森森乍明灭，处处拯人无危颠。慷慨无洒玉泉涕，万户尸祝同蒸祀。煌煌帝阊庙貌尊，填门拜寿岁复岁。吁嗟乎，古来如公几丈夫，愿公辟天关，提昆吾，东净海氛西击胡。[2]

① 清·赵翼：《廿二史札记》卷7"关张之勇"。
② 明·刘侗、于奕正：《帝京景物略》卷3"关帝庙"。

这最后几句的呐喊，可圈可点，实在是喊出了三百几十年前人们对关公至诚至敬的深情呼唤，道出了关公何以在明后期那样显赫的缘由。呜呼，国家不幸关公幸，这不能不是历史的悲哀。

刘备托孤赞

陈寿《三国志·蜀书·先主传》载谓："三年（公元223年）春二月，丞相亮自成都到永安。……先主病笃，托孤于丞相亮，李严为副。夏四月癸巳，先主殂于永安宫，时年六十三。"先主者，蜀汉开国皇帝刘备也。皇帝位于政治权力的顶峰，一言一笑，举手投足，往往带来巨大的政治影响，何况病危托孤！刘备托孤时说些什么？同上书《诸葛亮传》载谓："君才十倍曹丕，必能安国，终定大事。若嗣子可辅，辅之；如其不才，君可自取。"这就是刘备的临终托孤，政治遗言。一千多年来，从古至今，文人学士对刘备托孤于诸葛亮的政治遗嘱，评说纷纭。有的认为这是刘备先声夺人，对诸葛亮的严重警告，提到篡汉的曹丕，就是暗示诸葛亮休得篡位，而"如其不才，君可自取"，不过是故作高姿态，深藏机心；有的认为，"如其不才，君可自取"，是指如果皇太子刘禅不才，可以自作主张，另立少子鲁王刘永，或梁王刘理；如此等等，用一句极通俗的话概括，就是：你（诸葛亮）办事，我（刘备）不放心！对此，笔者也曾经思考过，未免困惑。

最近，笔者应邀出席"奉节三国文化讨论会"，在湖北省及襄樊市"三线办"的领导及企业家的帮助下，先行考察了荆州的三国遗迹，在襄阳古隆中的诸葛亮草堂墙壁上，仔细欣赏了砖雕"刘备托孤"，但见刘备头扎白带、满脸病容、强撑着衰迈之躯的神态，以及跪于榻下的刘永、刘理的诚惶诚恐，诸葛亮的满脸憔悴，这个清代民间雕塑家的杰作，以它的巨大艺术震撼力，深深感染着我；在宜昌猇亭，凭吊了当年刘备兵败彝陵的古战场，耳畔似乎响起惊天动地的厮杀声、擂鼓声；在高插云表的白帝城，俯览长江惊涛，远眺楚天风云，回想刘备从此在这里坚守国门，改鱼复县为永安，不回成都，使孙权闻之"甚惧，遣使请和"的情景；在奉节城里永安宫的遗址前，我的思绪穿过一千多年的历史隧道，仿佛亲眼看见了刘备托孤那悲怆的一幕……我终于领悟："陋儒之见何足数？"以小肚鸡肠度英雄刘备之腹，只能是"擀面杖吹火——一窍不通"。历史的实际情形是：刘备托孤诸葛亮，绝对是：你办事，我放心！

其实，陈寿对此早已洞察。他在《先主传》后评曰："先主之弘毅宽厚，知人待士，盖有高祖之风，英雄之器焉。及其举国托孤于诸葛亮，而心神无贰，诚君臣之至公，古今之盛轨也。"诚哉斯言！真乃知刘备者，陈寿也。所谓"心神无贰"，不就是一心一意吗？"诚君臣之至公"，更是可圈可点。不错，皇权是不可分割的，为当神圣的、至尊至贵至荣的皇家第一把手，戴上举世无双的皇冠，历史上演出过多少惊心动魄的惨剧！而刘备居然打破正统，跳出常规，说如果阿斗不成器，扶不起来，你诸葛先生可以"自取"第一把交椅，也就是改朝换代，自己当蜀国的皇帝。这样的肺腑之言，堪称是惊世骇俗，石破天惊，无怪乎陈寿要伸出大拇指，盛赞这是"君臣之至公，古今之盛轨"了。

没有"英雄之器"，也就是英雄的胆识、气魄，刘备是不可能如此托孤的。刘备堂堂英雄汉，是他的敌手曹操、孙权也承认，并让他们敬重，更使他们头疼的事实。曹操早就说过："刘备，人杰也，今不击，必为后患。"（《通鉴》卷36）不过，天下英雄多矣，而临终如此托孤的，历史上也仅有刘备一人。此刘备之所以为刘备也——他出身穷苦，以打草鞋、编草席为活，自称是中山靖王刘胜之后，但报不出祖爷爷、祖奶奶的世系，因此裴松之、司马光等史家疑其有假，不过是"拉大旗作虎皮"罢了；也唯其如此，他把脑袋别在裤腰里跟他一起舍死忘生打天下的、不是弟兄胜似弟兄的穷哥们关羽、张飞，看成是自己生命的一部分，得知关羽被害，他不计利害，不顾后果，亲自率兵伐吴，真是爱江山，更爱兄弟，义薄云天，何其壮也；虽然伐吴以大溃败而终，但他没有把一切功劳归于自己，把一切错误推给别人，而是承担责任，再不回成都，在白帝城安营扎寨，誓守国门，甚至奉节父老世代传闻，并经该县学者陈剑、李君鉴等研究认为，刘备死后就葬在奉节他的行宫"永安宫"附近不远处，显示了刘备生当人杰，死为鬼雄，与国门共存亡的壮烈精神。不错，刘备是皇帝，但却是一位没有忘本、性情犹在、具有平民意识的大英雄。"非常人乃有非常之事"，他的托孤，实在是英雄行为。胡三省老先生为《通鉴》作注时，说"自古托孤之主，无如昭烈之明白洞达者。"不仅是摸到了刘备的脉搏，也是对历史经验的深刻总结。

反观二千多年来的帝王史，像刘备那样真诚、明白、洞达的托孤交班者，找不出第二人。即以距今不算太远的明清而论，明太祖朱元璋唯恐他死后功臣宿将会危及其接班人的地位，把他们几乎全部打下去，结果建文帝上台不久，就被朱棣赶下台；清朝皇帝神神叨叨，在"正大光明"匾里做文章，结果也引出了雍正夺位的大风波。比起刘备，真是不足道哉。正是：

英雄刘备坦胸襟：丞相办事我放心。

嗟叹蜀主今何在？唯见孤坟草青青。

6月11日于老牛堂

夔州情思

　　春末夏初，我应邀出席"奉节与三国文化讨论会"，来到这座具有两千三百年历史的江城。奉节，古称夔州。在古老的街道上漫步踯躅于"皇思楼"前甘夫人墓旁的相思树下；站在三峡入口处的夔门之巅，看浩浩长江，如万丈巨龙，沿着如画似梦的秀丽峡谷，蜿蜒而去……禁不住浮想联翩。呵，奉节，奉节，在历史的长河中，曾多少次卷起浪千叠；夔州，夔州，这儿曾停泊过多少我们民族文化的巨人之舟；夔门，夔门，牵动过多少人的思古幽情！

　　随着古典小说《三国演义》的风行天下，刘备为情同手足的关羽报血海深仇，亲率大军伐吴，惨败彝陵，退守白帝城的故事，几乎妇孺皆知。这是一段真实的历史。历经沧桑，无声的历史尘埃，早已掩埋尽白帝城上刘备当年的宫室行辕、旗鼓画角，以及刘备的一腔怒火、愁眉深锁。但是，今日的白帝城依旧屹立于蓝天白云下，刘备曾经千百次"凭栏处，潇潇雨歇"的群山依旧，夔门依旧，日夜奔流不息的长江涛声依旧。不管您是男是女，是老是少，登上这白帝城，看夔门拔江而起，"天欲堕，赖以拄其间"的雄伟气势，遥想刘备当年，南征北战，仁义兼备，叱咤风云，成了与曹操、孙权鼎足而立，并受到这二位英雄钦敬的大英雄，"丈夫志，当景盛，耻疏闲"的凌云豪气，将油然而生，使您的心胸顿时开阔，稚气、暮气、娇气、脂粉气，当为之一扫而空，起码也是却之半矣。我在白帝城上的白帝庙前，惊喜地看到一棵高达数丈的合欢树，正盛开着，灿如云霞。这是我生平走南闯北见到的最高大的合欢树。合欢，又名青裳、夜合、合昏等。晋代学者崔豹的《古今注》谓："欲蠲人之忿，则赠以青裳。"李时珍的《本草纲目》则谓合欢能"安五脏，和心志，令人欢乐无忧"。愿刘备魂兮归来，看一看这开满枝头的合欢，老英雄被重创的心灵，当会受到温馨的抚慰。也愿海内外的游子，在这棵合欢树前驻足，凝神端详，当能领悟：世间什么最珍贵？正是合欢花象征的"和心志"，"欢乐无忧"。朋友，江山如画，夔州多情，愿您的锦绣年华，与合欢同在。

奉节又名诗城。多么优雅、迷人的名字！这是真正的实至名归。"朝辞白帝彩云间，千里江陵一日还。两岸猿声啼不住，轻舟已过万重山。"这首诗仙李白的《早发白帝城》的千古绝唱，是国人最熟悉的唐诗之一，选入小学教科书，虽三尺童稚，也会高声吟诵。北魏学者郦道元《水经注·江水》载谓："自三峡七百里中，两岸连山，略无阙处。……有时朝发白帝，暮到江陵，其间千二百里，虽乘奔御风，不以疾也。……每至晴初霜旦，林寒涧肃，常有高猿长啸，属引凄异，空谷传响，哀转九绝。"这是对一千四百年前三峡风光的生动描绘。由此可见，李白《早发白帝城》诗中大气磅礴、豪情万丈的诗句，实际上是对当年三峡舟行如电驰、阵阵猿啼在山间回响情景的真实写照。当然，此诗更洋溢着李白特别欢乐的情怀。这是因为，乾元二年（公元759年）李白在长流夜郎途中，行至夔州白帝城时，忽然遇赦获释，回到江陵。这从天而降的喜讯，兴奋、愉悦的重获自由感，在他的笔下怎能不奔腾而出，一泻千里！今天，我们站在白帝城上，或在穿过夔门的舟中，想象李白当年一边连浮数大白，一边挥笔写诗的激动情景，谁又能不为之深深感染？更使奉节人引以为豪的是，诗圣杜甫，曾在奉节的青山绿水间，居住达一年零八个月之久，写诗达四百三十七首之多，仅吟咏白帝城的，即有十多首。虽然岁月的江河，已经流淌了一千二百多年，但杜甫所描写的奉节山川风貌、田园景色，仍"风景依稀似旧年"，甚至他几次搬迁过的住处，经奉节研究杜甫的专家胡焕章先生考证，都可一一指认。杜甫在奉节留下的诗篇，不乏杜诗中的珍品、中国诗史上的瑰宝。如《八阵图》："功盖三分国，名成八阵图。江流石不转，遗恨失吞吴。"以及《上白帝城》《夔州歌十绝句》《古柏行》

《观公孙大娘弟子舞剑器行并序》等。当然，杜甫是在国事日非、社会动乱、烽火连绵的苦难岁月里，来到夔州的。心系天下苍生的诗人，常常忧心如焚。"白帝城中云出门，白帝城下雨翻盆。高江急峡雷霆斗，翠木苍藤日月昏。戎马不如归马逸，千家今有百家存。哀哀寡妇诛求尽，恸哭秋原何处村。"（《白帝》）这样辛酸的诗句，真使人不堪卒读。历史艰难、沉重地翻过了一页又一页，今天的晴空万里、草木华滋，是多么来之不易！李、杜去后有来者，白居易、刘禹锡、苏洵、苏轼、高启、杨慎、王夫之、郭沫若等著名诗人，都在奉节留下了屐痕处处、不朽诗篇，曾任夔州刺史的大诗人刘禹锡创作的民歌体《竹枝词》，更是脍炙人口、至今传颂不衰的诗苑奇葩。穿过历史的隧道，展开形象思维的羽翼，让我们在奉节与李白、杜甫、刘禹锡等诗翁同酌、共咏、齐舞，这是何等的赏心乐事！

当然，思古之幽情，代替不了今人的创造。倘若我们不能继承前辈的风流余韵、绝代才华，岂非愧对先人？不，令人欣慰的是，奉节人充满诗情画意，连会议组织者的欢迎词，也是用优美的诗句写成的。请看奉节"夔州宾馆"大门两侧的长联："雄奇大夔门，拱手迎来专家学者，云集诗城，研讨三国文化，将对刘备墓究在何地、八阵图作用大小、观星亭价值高低诸历史难题，发表各自高见，再来一次百家争鸣；秀丽古白帝，敞胸接纳文人雅士，漫步瞿塘，欣赏峡江风光，面临赤甲山灿如黄金、滟滪滩声似雷霆、凤凰泉美压仙境等旅游名胜，定会兴趣盎然，可别忘了情激当归。"全联一气呵成，真是出手不凡！但作者既非作家，也非文化局长，而是奉节县的监察局局长金仁孝，可见此间文风之盛。更值得刮目相看的是，奉节不少年轻人写诗成风，出版有《三峡诗报》，由青年诗人刘文娅编辑。小刘气质高雅，她的诗婉约清纯，宛如月光下小溪或一汪碧泓中的白莲；已出版《天涯伊人》《野之萍》等三部诗集。诗城，诗城，后继有人。这是何等的幸事！

拥有如此丰厚历史积淀的奉节，堪称文化巨富城，一定会拥有花团锦簇的明天。奉节——祝你鹏程万里，生生不息！

1998年6月8日夜牛屋

东坡优游僧道间

苏轼（自号东坡）作为一代文豪，儒家在其思想中占主导地位，但佛教、老庄思想，对他也有重大影响，这在他的文学创作中，有充分的反映。他性格豪放、诙谐，"虽才高一世，而遇人温厚，有片善即与之颂尽城府，论辩酬倡，间以谈谑。"（《景德传灯录》卷14）他一生交友不知凡几。绍圣二年（1095年）三月二十三日，东坡时在惠州（今广东惠州市），有永嘉罗汉院僧惠诚来，对他说：我明天就回浙东了，您有啥事要办的吗？东坡"独念吴越多名僧，与予善者常十九"（何良俊：《语林》卷19），便匆匆写了几位僧人的名字，托惠诚回去，向他们一一问好，并请惠诚转告他们自己的饮食起居状，请他们放心。可惜此时正是东坡饮酒之后，"语无伦次，又当尚有漏落者，方醉不能详也。"（《东坡志林》卷2）尽管如此，却给后人留下了参寥子、径山长老维琳、杭州园照律师、秀州本觉寺长老、净慈楚明长老、苏州仲殊师利和尚、苏州定慧长老守钦、下天竺净慧禅师思义、孤山思聪闻复师、祥符寺可久垂云清顺三阇黎、法颖等僧名，绝大部分都是诗僧，有的堪称是天才诗人，如仲殊师利和尚，"操笔立成，不点窜一字"。他的《润州北固楼》诗"北固楼前一笛风，断云飞出建昌宫。江南二月多芳草，春在濛濛细雨中"（《侯鲭录》卷1）脍炙人口。守钦的诗，"清逸绝俗"。参寥子（道潜）更是他已结交二十几年的老朋友。参寥子是著名的诗僧，有很高的鉴赏能力。曾经与诗友评论诗作，友说："世间故实小说，有可以入诗者，有不可以入诗者，唯东坡全不拣择，入手便用，如街谈巷说，一经坡手，似神仙点瓦砾为黄金，自有妙处。"参寥子说："老坡牙颊间，别有一副炉鞴，他人岂可学耶？"对他的这一论点，"座客无不以为然"。这并非谀词，东坡才思飞涌，岂是常人所能企及。东坡的《送参寥师》这首诗，简直就是诗论，两人都是雅好评论诗学的。诗曰：

> 上人学苦空，百念已灰冷，剑头唯一映，焦谷无新颖；胡为逐吾辈，文字争蔚炳？新诗如玉屑，出语便清警。退之论草书，万事未尝屏，忧愁不平气，一寓笔所骋。颇怪浮屠人，视身如丘井，颓然寄淡泊，谁与发豪猛？细思乃不然，真巧非幻影，欲令诗语妙，无厌空且静；静故了群动，空故纳万境。阅世走人间，观身卧云岭，咸酸杂众好，中有至味永。诗法不相妨，此语更当请。

在《百步洪二首》的序中，东坡述及"与参寥师放舟洪下，追怀曩游，以为陈迹，喟然而叹，故作二诗，一以遣参寥……"云云，可见他们友谊之非寻常。

东坡另有一位非常要好的僧友，他就是佛印。也许是二人关系太密切，又都喜欢开玩笑，以致民间流传了不少有关东坡与佛印的有趣故事。明朝人编的《解愠编》卷4《僧对鸟》谓：

> 东坡曰："古人常以僧对鸟（按：吴音"鸟"与"屌"同音，今日尤如此。故东坡有此戏言），如云：'鸟宿池边树，僧敲月下门。'又云：'时闻啄木鸟，疑是叩门僧。'"佛印曰："今老僧与相公对，相公即鸟也。"

二人的对话，隐有所指，构成幽默，令人忍俊不禁。

东坡常去佛印处。一日去访，与佛印语言酬答，不觉坐久，忽然感到要去厕所，且甚急，拔脚就走。有一位行者见状，便随后送些茅纸给东坡。东坡喜欢他会办事，第二天以一本度牒舍与披剃。全寺僧人先是大惊，后来才知道这是因为他给东坡送茅纸有功也。不久，东坡又访佛印，一坐又是半天，因而再去厕所。众行者喧哄相争，各将茅纸进前。东坡在厕内听到外面人声嘈杂，遂问其故，左右以实对，东坡哈哈大笑说："行者们去腹上增修字（原注：以福字腹字），不可专靠那厕屎处。"（《问答录》）

东坡在惠州时，佛印在江南，关山万重，无人致书，深以为忧。所幸有个叫卓契顺的道人，慨然叹曰："惠州不在天上，行即到矣。"便请佛印给东坡写信，他负责送去。于是，佛印便给东坡写了一封信，劝他打破功名枷锁，字里行间，浸透着对东坡的无限深情，而且行文幽默，堪称妙文。信谓：

> 尝读退之（按：即韩愈）《送李愿归盘谷序》，愿不遇知于主上者，犹能坐茂树以终日。子瞻中大科，登金门，上玉堂，远于寂寞之滨。权臣忌子瞻为这宰相耳，人生一世间，如白驹之过隙，三二十年功名富贵，转盼成空，何不一笔勾断，寻取自家本来面目？万劫常住，永无堕落，纵未得到如来地，亦可以骖驾鸾鹤，翱翔三岛，为不死人，何乃胶柱守株，待入恶趣？若有问师佛法在什么处？师云在行住坐卧处，著衣吃饭处，屙屎刺撒处，没理没会处，死活不得处。子瞻胸中有万卷书，笔下无一点尘，到这地位，不知性命所在，一生聪明，要做什么……子瞻若能脚下承当，把一二十年富贵功名，贱如泥土，努力向前，珍重，珍重。（《钱氏私志》）

事实上，佛印是位禅僧，机锋甚锐，东坡曾与他斗过机锋，根本不是对手。有记载说：

> （佛）印云："这里无端明坐处。"坡云："借师四大作禅床。"印云："老僧有一问，若答得，即与四大为禅床，若答不得，请留下玉带。"坡即解采腰间玉带

置案上，云："请师问。"印云："老僧四大本空，五阴非有，端明向其处坐。"坡无语。印召侍者，留下玉带。（《五灯会元》卷16）

东坡的僧界友人中，也有原不著名，只因与东坡来往，留下轶闻，而使大名垂于不朽。石塔长老就是一例。史载：

东坡镇维扬，幕下皆奇豪。一日石塔长老遣使者投牒求解院，东坡问："长老欲何往？"对曰："归西湖旧庐。"东坡即将僚佐同至石塔，令击鼓，大众聚观。袖中出疏，使晁无咎读之。其词曰："大士何曾出世，谁作金毛之声？众生各自开堂，何关石塔之事。去作无相，住亦随缘。戒公长老，开不二门，施无尽藏，念西湖之久别，亦是偶然，为东坡而少留，无不可者。一时稽首，重听白椎，渡口船回，依旧云山之色。秋来雨过，一新钟鼓之声。"以文为戏，一时咸慕其风。（《语林》卷27，《排调》第27）

东坡在道教界也有一些好友，如欧阳少师、赵少师、邵道士彦肃、绵竹道士杨世昌等。他在《和欧阳少师寄赵少师次韵》诗中谓：

朱门有遗啄，千里来燕雀。公家冷如冰，百呼无一诺。平生亲友半迁逝，公虽不怪傍人愕。世事如今腊酒浓，交情自古春云薄。二公凛凛和非同，畴昔心亲岂貌从。白发相映松间鹤，清句更酬雪里鸿。何日扬雄一麈足，却追范蠡五湖中。

这"世事如今腊酒浓，交情自古春云薄"，真是可圈可点。但他的这些道友，当然都不是"春云薄"之类。他写过几首诗赠邵彦肃，得知邵道士还都峤后，赠诗曰：

> 乞得纷纷扰扰身，结茅都峤与仙邻。少而寡欲颜常好，老不求名语益真。许迈有妻还学道，陶潜先酒亦从人。相随十日还归去，万劫清游结此因。

但是，东坡这些道教朋友，社会影响最大的，还是杨世昌。东坡的《前赤壁赋》中，有谓："客有吹洞箫者，倚歌而和之。其声呜呜然，如怨如慕，如泣如诉，余音袅袅，不绝如缕，舞幽壑之潜蛟，泣孤舟之嫠妇。"这位有幸与东坡月夜同游赤壁的吹箫能手，正是杨世昌。他字子章，是绵竹武都山的道士。他善吹箫，东坡曾在诗中赞扬他"杨生自言识音律，洞箫入手清且哀"。东坡在《蜜酒歌》的小序中说："西蜀道士杨世昌，善作蜜酒，绝醇酽。余既得其方，作此歌遣之。"并赞此酒"三日开瓮香满城，快泻银瓶不须拨"。（《苏东坡全集》卷13）可见杨世昌又是位酿酒高手。世昌经常外出，寻访名山胜迹，结交了不少学者、名流。太常博士、诗人文同在《杨山人归绵竹》诗中写道："一别江梅十度花，相逢重为讲胡麻……青骡不肯留归驭，又入平芜咽晚霞。"东坡谪黄冈时，世昌自庐山访之，东坡曾书一帖，称道他善画山水，能鼓琴，晓星历，精黄白药术，真是一位才华横溢的风流道士。倘没有这位多才多艺、也好游览的杨道士与东坡同游赤壁，并吹箫江山，《前赤壁赋》中就不会有对箫声、道家思想那样精彩的描绘。

1996年冬于京南芳星园

岳坟前的沉思

最近去杭州，再次凭吊岳坟。浙江省文物管理委员会一九七九年七月立的《重修岳飞墓记》，堪称是春秋笔、传世文。文曰：

> 南宋岳飞墓为国务院公布的全国重点文物保护单位。一九六六年秋被毁。一九七九年重新修复。历时一年，耗费人力五万六千工，人民币四十万元。

连标点在内，此文不过六十五字。但文中显示的历史感与忧患意识，胜过万语千言。一九六六年秋，何时也？正是"文革"妖风席卷神州大地之时！连抗金将领岳飞的墓都被捣毁，其他文物的命运可想而知。一九七九年，是粉碎"四人帮"后的第三年，百废待兴，经济拮据，但浙江省政府毅然拨出四十万元，重修岳坟。须知，当时的四十万元，可是一笔巨款。"红卫兵"破坏岳坟，不过是旦夕之间，而重新修复，却花了五万六千工！《墓记》分明昭示世人：不能忘记岳坟在浩劫中被毁的历史教训，不惜代价修复，就是为了让爱国主义精神永远与祖国的大好河山同在。

我将这篇《墓记》读了一遍又一遍，镌刻此《记》的黑色大理石，不过是方尺之间，但我却感受到了它顶天立地般的雄浑与博大。拜谒岳飞的埋骨之地，沉思者再。"青山有幸埋忠骨，白铁无辜铸佞臣。"千秋万世，岳飞将永远受到人民的景仰，而被铸成铁像长跪了数百年的秦桧、王氏、万俟卨、张俊这四人帮，将世世代代被人唾骂。

　　历史是庄严的，也毕竟是公正的。

1997年11月25日于老牛堂

唐寅·张灵·杨云史·蒋檀青

　　张灵字梦晋，吴县（今苏州市）人，生卒年不详。不才少年时，偶读黄周星（九烟）的《补张灵、崔莹合传》，深为张、崔缠绵悱恻的悲剧故事所感动。及长读史，始知此乃小说家言也。不过，张灵确实颇富才情，善画人物山水，笔致秀逸，诗文也很清丽。他家境贫寒，却生活狂放浪漫，《明史·唐寅传》谓唐寅"与里狂生张灵纵酒"云云，可见二人关系之密切。据他俩的好友徐祯卿记载，张灵"不为乡党所礼，唯祝允明嘉其才，因受业门下，尝作文以励之"（《新倩籍》第七页）。可见祝允明（枝山）与他乃亦师亦友。唐寅与他交谊最深。他俩还是郡学生时，有位鄞县人方志来吴县督学，讨厌古文辞，了解唐寅一些情况，企图中伤，张灵得知后，满脸愁容，唐寅问他为何如此愁眉不展？他答道："独不闻龙王欲斩有尾族，虾亦哭乎？"（《吴郡二科志》第三十二页）令人忍俊不禁。他曾与唐寅、祝允明在虎丘冒着雨雪，假装乞丐，唱莲花落，讨来钱后就买酒在寺中痛饮，还说"此乐惜不令太白知之"。（《唐伯虎轶事》卷2）张灵太不得志，有时家中无隔宿之粮，父母妻子终日愁思叹息，这样的窘境，扭曲了他的性格，常常变得狂妄不近人情，唐寅却能体谅他，不予计较。某日，有客去拜访张灵，张正坐在豆棚下，举杯独酌，津津有味，竟不看来客一眼，其人含怒而去。接着去拜访唐寅，告诉张灵所为，责怪其无礼，唐寅却笑着说："汝讥我！"（《唐伯虎轶事》卷2引《舌华录》）这简直是代朋友受过了。唐寅对张灵的画颇赞赏，曾多次在其画上题诗，如："绿崖入翠微，岚气湿罗衣。涧水浮花出，松云伴鹤飞。行歌樵互答，醉卧客忘归。安得依书屋？开窗碧四围。"（《唐伯虎全集》卷2）显然与张灵的画是珠联璧合，水乳交融。

江东杨圻，名云史，民国前期著名诗人，以《江山万里楼诗集》，名播诗苑。其表兄是小说《孽海花》作者曾孟朴。曾写此小说时，杨云史曾提供过不少义和拳资料（杨云史：《致张次溪书商赛金花墓碑事》，《赛金花本事》第一六五页）。杨为人风流倜傥，性喜冶游，结识很多歌伎神女，故有"家家红粉说杨圻"之誉。（郑逸梅：《逸梅杂札》第一七二页）他结交的艺人中，有北京人蒋檀青。蒋善弹琵琶，擅吹笛，工南北曲，后入宫廷效力，在乐部名列第一。京中名士宴宾客时，无蒋檀青在场，则举座不欢。咸丰皇帝几次游览圆明园，召集梨园子弟奏新曲，蒋檀青献艺，咸丰帝便笑逐颜开，赏赐甚多。每次去承德避暑时，也都将蒋檀青带去。英法联军焚毁圆明园后，蒋檀青曾至园中凭吊，但见满目荒凉，惆怅无已。后流落河南，抱琵琶沿门卖曲为活。光绪二十一年（1895年），杨云史游扬州，在平山堂的一次宴会上，遇到蒋檀青，但见他白发苍苍，衣冠敝败，为弹商调一曲，泪随声下，一座怆然。忆及四十多年前宫中往事，对先皇不胜悲悼，唏嘘不已，杨云史也黯然泣下。两年后的秋天，杨云史在青溪又见到蒋檀青，他更衰老、伤感了。杨云史每读杜甫的《江南逢李龟年》诗，愈觉蒋檀青与李龟年的命运，何其相似乃尔，感慨者再，遂写了《檀青引》，为他作传，并作多达七百字的长歌以记之，诗曰："青山白发眼中人，寥落相逢酒一樽。离乱琵琶天宝曲，太平烟雨广陵春……天涯那少伤心泪，糊口江淮四十年，花朝寒食禁烟天。春江酒店青山路，一曲霓裳值一钱。劝君莫作多情客，旧事君看都陈迹。南部烟花廿四桥，六朝金粉吴宫宅。屈指依稀事两朝，玉京天上恨迢迢。青山从此无今古，万岁千秋咽暮潮。"（卢前：《琵琶赚本事》引《檀青引》全文）全诗嗟兴亡，哀穷途，低回三叹，"春江酒店青山路，一曲霓裳值一钱"，尤使人不忍卒读。

民国十五年（1926年），词曲泰斗吴梅之高足江南卢前作《琵琶赚杂剧》，正目是《琵琶赚蒋檀青落魄》，其中《滚绣球》曲谓："没一个张子房博浪沙，只一曲俊杨妃媚眼花，独自的装聋做哑，一个个大纛高牙……羞杀他麒麟揎一班措大, 软哈哈愧煞乌纱。这穴中蝼蚁真无用, 眼看他锦绣河山乱似麻, 都做了鼎沸鱼虾! "这对清王朝的腐败无能, 高官的蝇营狗苟, 导致山河破碎, 生灵涂炭, 又岂止是辛酸之挽歌也!

1976年7月于京南

饱含血泪的《四禽言》

　　读了舒芜先生谈"禽言"诗的《这个不是亲丈夫》一文，觉得很有意思。古人每作"禽言"诗，咏物抒怀，往往耐人寻味。

　　宋代泰山人王质，著有《林泉结契》4卷，其中的卷1为"山友辞"，写了拖百练、青菜子、泥滑滑、山和尚、啄木儿等19种山鸟，每种鸟前有小序，简要介绍鸟的形状、特色，后有诗一首。如"泥滑滑"，小序写道："身焦黄杂黑斑点，如鸡而小，声焦急，多鸣则有阴雨，在篁篆间，故又号竹鸡。"诗则谓：

　　　　泥滑滑，泥滑滑，林雨林风交飒飒。苍皮翠英啄鲜
　　　　香，树外行人何时歇。山有果，山有蔬，枫脂松胶香有
　　　　余。呜呼此友兮慰所须，野草山花满地铺。

此诗借写风雨中的泥滑滑，发出了对树外行人艰难路程的感叹。宋代诗人梅圣俞曾写咏四种鸟的诗，题作《四禽言》，这对文豪苏东坡很有启发。东坡谪居黄州时，住在定惠院，四周茂林修竹，荒池蒲苇丛生，春夏之交，百鸟鸣集，东坡遂用梅圣俞《四禽言》体作《五禽言》，

其中的咏布谷鸟诗谓:"南山昨夜雨,西溪不可渡。溪边布谷儿,劝我脱破袴。不辞脱袴溪水寒,水中照见催租瘢。"(原注:土人谓布谷为脱却破袴。)字里行间,透露出东坡对"苛政猛于虎"的愤懑,对惨遭催租吏鞭打的贫苦农民的深切同情。

不过,就管窥所及,古代此类"禽言"诗,写得最为感人也最有意义的,是南宋初年南通金沙诗人潘武子写的《四禽言》。记载《四禽言》的史料有好几种,多残缺不全。清末缪荃孙刻的《藕香零拾》丛书,收有元朝人蒋子正的《山房随笔补遗》,其中记载的《四禽言》,最为完整,全诗如下:

> 交交桑扈,交交桑扈,桑满墙阴三月暮。去年蚕时处深闺,今年蚕死涉远路。路傍忽闻人采桑,恨不相与携倾筐。一身不蚕甘冻死,只忆儿女无衣裳。不如归去,不如归去,家在浙江东畔住。离家一程远一程,饮食不同言语异。今之眷聚皆寇仇,开口强笑口怀忧。家乡欲归归未得,不如狐死犹首丘。泥滑滑,泥滑滑,脱了绣鞋脱罗袜。前营上马忙起行,后队搭驼疾催发。行来数里日已低,北望燕京在天末。朝来传令更可怪,落后行迟都砍杀。鹁鸪鸪,鹁鸪鸪,帐房遍野常前呼。阿姊含羞对阿妹,大嫂挥泪看小姑。一家不幸俱被虏,犹幸同处为妻孥。愿言相怜莫相妒,这个不是亲丈夫。

并说此诗"辞意婉切，诵之可伤，此金沙潘武子文虎《四禽言》词也。少有隽才善赋"。由此我们得知此诗作者的姓名、籍贯，及年少时即开始创作的简况。而清初赵吉士著《寄园寄所寄》卷9引明朝人写的《新知录》谓："金兵南下，宋室播迁，金沙潘武（子）目击中原之荼毒，而为《四禽言》诗以寓慨焉，辞意惋切，因录之。"由此我们可以进一步清楚地知道，潘武子是南宋初年人，亲眼看到被金兵掳掠的汉族妇女的悲惨遭遇，悲愤地写下《四禽言》诗，"以寓慨"于笔端。在很大程度上说，《四禽言》堪称纪实性的史诗。

如果与记录靖康之际惨变的野史、笔记对读，我们就会深切地感受到，此诗字里行间，饱含着血和泪，对金兵兽行的描写，实在是语极沉痛的控诉。显然，《四禽言》是洋溢着强烈爱国主义情怀的杰作。在各种版本的宋诗选、爱国诗词选之类书中，均未选录此诗，这不能不是一件憾事。

义薄云天的马经纶

　　自古以来，人与人的交往，向来是锦上添花多，雪中送炭少。而救人于危难之中，不怕危及自己的身家性命，用《水浒》里的话说，"担着天大的干系"，更是难得一见。唯其如此，每当我阅读马经纶救援李贽的史实，总不禁感慨系之。去年秋，我去通州寻找马经纶的遗迹，一无所获，深感失望。所幸因建设需要迁至公园的李贽墓，安然无恙，让人们在凭吊李贽的同时，对马经纶也临风怀想，一掬心香。

　　马经纶字主一，又字诚所，顺天通州（今通县）人。万历十七年（1589年）进士，担任过肥城知县，后任御史，因事抗疏，被免职归里。他仰慕进步思想家李贽（1527—1602）的盛名，冒着风雪，长途跋涉三千里，至湖北黄柏山中，去救援李贽。此时的李贽，正受到麻城官府、道学家的严重迫害：给他扣上异端惑世、托讲学宣淫的大帽子，将他所居房舍捣毁，从麻城驱逐出境，并拆掉他准备身后纳骨之塔。李贽被迫亡命黄柏山中。李贽已经七十五岁，衰老贫病，马经纶当即决定将他带到武昌去，后因故未去成，便"随携而北，以避楚难"①。抵达通州后，马经纶待李贽亦师亦友。李贽继续写作《易因》这本书，并与马经纶共同读《易》，"每卦千遍"②，并常引苏东坡的话，"旧书不厌百回读，熟读深思子自知"③。但不幸的是，一年后，李贽又大祸临头。万历三十年（1602年）二月，礼科都给事中张向达上疏劾李贽，极尽污蔑之能事：

> 李贽壮岁为官，晚年削发；近又刻《藏书》《焚书》《卓吾大德》等书，流行海内，惑乱人心。以吕不韦、李园为智谋，以李斯为才力，以冯道友为吏隐，以卓文君为善择佳偶……以孔子之是非为不足据，狂诞悖戾，未易枚举，大都刺谬不经，不可不毁者也。尤可恨者，寄居麻城，肆行不简，与无良辈游于庵，挟妓女，白昼同浴，勾引士人妻女入庵讲法，至有携衾枕而宿庵观者，一境如狂。……至于明劫人财，强搂人妇，同于禽兽，而不之恤。……近闻贽且移至通州。通州离都下仅四十里，倘一入都门，招致尽惑，又为麻城之绩（续）。望敕礼部檄行通州地方官，将李贽解发原籍治罪，仍檄行两畿各省，将贽刊行诸书，并搜简其家未刊者，尽行烧毁，毋令贻乱于后，世道行甚。④

① 《温陵外纪》卷4。
② 刘侗、于奕正：《帝京景物略》卷8。
③ 汪本钶：《卓吾先师告文》，《李氏遗书》附录。
④ 《明神宗万历实录》卷369。

结果，万历皇帝朱翊钧（1563—1620）下令："李赞敢猖（倡）乱道，惑世诬民，便令厂卫五城①严拿治罪。其书籍已刊未刊者令所在官司，尽搜烧毁，不许存留。如有徒党曲庇私藏，该科及各有司访参奏束并治罪。"②这样，对李赞疯狂的政治迫害，便接踵而至。当逮捕李赞的锦衣卫成员到来时，正在病中的李赞急问马经纶，他们是什么人？马经纶答道："是锦衣卫的卫士到了。"李赞立刻明白是怎么回事，他不想连累好友马经纶，强撑着爬起来，走了几步，大声说："是为我也。为我取门片来！"遂躺在门片上，"快走！我是罪人，不宜留。"马经纶甘冒极大的风险，要跟他一起走。李赞反对，说："逐臣不入城，这是皇明祖制。而且您有老父亲在，需要照顾。"马经纶大义凛然地说："朝廷以先生为妖人，那么我就是藏妖的人。要死就一起死，决不让先生一个人去坐牢，我却留在世上。"马经纶陪同李赞进京。到了通州城外，京中一些劝告马经纶不要随李赞入京的好友纷纷而至，他家中的几十个仆人，奉其老父之命，也哭着劝留。但马经纶都不听劝告，一路陪伴李赞入京。李赞入狱后，马经纶除千方百计设法照料他外，还上书有司，为他辩诬，指出"评史与论学不同，《藏书》品论人物，不过一史断耳，即有偏僻，何妨折衷"。

---

① 指五城兵马司。
② 《明神宗万历实录》卷369。

并替李贽申辩："平生未尝自立一门户,自设一藩篱,自开一宗派,自创一科条,亦未尝抗颜登坛,收一人为门弟子。"[1]三月十五日,李贽在狱中用薙刀自刎,次日逝世。马经纶此时刚好因家中有要事返回通州,闻讯后,痛悔不已地说："吾护持不谨,以致于斯也。伤哉!"[2]并失声痛哭道："天乎!先生妖人哉!有官弃官,有家弃家,有发弃发,其后一著书学究,其前一廉二千石也。"[3]真是悲愤到了极点。马经纶将李贽的遗骸葬于通县北门外迎福寺侧,并在他的坟上建造了浮屠。马经纶对李贽救难、迎养、辩诬在前,归葬于后,都是顶着巨大的政治压力进行的,情义之重,堪称直薄云天。

---

① 马经纶:《启当事书》,《李氏遗书》附录。
② 袁中道:《李温陵传》,《珂雪斋近集文钞》。
③ 《帝京景物略》卷8"畿辅名迹"。

刘菊

美哉故里过重阳，诸咸环侍倾壶觞。笑问菊花何处好，同声劝我访刘郎。刘郎开门笑相迎，不速客来迟扫径。孱躯有愧傲霜枝，秋来木叶余同病。小儿蒙童大儿死，兀兀浮生周甲子。身闲贪种四时花，肩瘦尚禁三担水……先生久在京师住，试看林亭今匪故。除却孔方谁是兄，犹行直道难为路。陋室数间还却抛，元都去种桃千树。我闻此语心亦伤，刘郎刘郎惜晚香。与君别作明春约，不看桃花看海棠。

——这是一首访友看菊花的纪实诗，作者是清朝道光年间河北宝坻林亭口的李光庭，见于他所著的《乡言解颐》卷5"刘菊"条。

此诗平平，并非"笔落惊风雨，诗成泣鬼神"的佳句。但是，它使我产生浓厚兴趣的，是诗中所描绘的这位"刘菊"。此公名刘清远，是林亭旧族。他很会养花，无论是春天的海棠，还是秋天的菊花，都护持有方，含笑舞东风。惜他晚年很落魄，卖掉旧宅，移居南街，住在三间茅屋里，衣食艰难。难能可贵的是，他落魄志不堕，对当时社会上的腐败风气，痛心疾首，这就是他跟李光庭所说的"先生久在京师住，试看林亭今匪故。除却孔方谁是兄，犹行直道难为路"。对社会病态有这样清醒的认识，他当然就不会与腐败者同流合污。他亲自挑水，把菊花养得溢彩流金。无怪乎李光庭在诗中盛赞他是"刘郎刘郎惜晚香"了。

我以为，更难得的是，这位刘清远先生颇有自知之明。李光庭去拜访时，他一见面就说：

> 贫病颓唐，诸事俱废，唯浇花尚努力担水，未免为大雅所笑。乡人夙谓我为刘二混，而今只好混一日过一日，幸得见君，鄙愿足矣。

由此我们知道，刘先生的绰号为二混，但他并不以此为忤，承认自己是在混日子。我想，倘若他以名士自居，处处显示清高拔俗，或者声称是"采菊东篱下，悠然见南山"的大名人陶渊明的再传得意门生，又将如何呢？其实，从晚明到清末，这种满身"山人"腐臭气息的沽名钓誉之徒，随处可见，令人生厌。然而，刘二混先生未厕身其间，这还不足以令人钦敬么？

> 按：自古及今，北方绰号二混者甚众，或许今日更多，学术、文化界也不例外。但像刘清远那样洁身自好，老老实实莳花浇水者，又有几人哉？今之二混，不逮古之刘二混远矣！

且看梁门立雪人

近代鸿儒、国学大师梁启超（1873—1929）的师生情谊，是很感人的。我深感庆幸的是，他在清华大学国学研究院执教时的亲炙弟子陈守实（1893—1974），是我六十年代在复旦历史系研究班攻读明清史的导师；谢国桢（1901—1982）则是我在中国社科院历史所明史研究室工作时的同事，当然，论辈分，他是师叔，在他面前，我是一直执晚辈之礼的。说真的，他与不才都力求熔文史于一炉，笔端常带感情，确实都是受了梁任公遗风的影响。因此，当我晴窗走笔，写梁任公的师生情，心中充满对前辈不尽的思念。

蔡锷（1882—1916）是梁启超在长沙时务学堂担任主讲时的学生，梁启超说他在四十名学生中，"称高才生焉"。[1]后来蔡锷留学日本士官学校，归国后在江西、湖南、广西、云南训练新军，擢云南三十七协协统，1911年武昌起义爆发，与云南讲武学堂总办李根源在昆明起

---

① 《清代学术概论》，第140页。

义，建立军政府，任云南都督。1913年，袁世凯（1859—1916）将他调至北京，授将军，不久又委以经界局督办，但暗中却加以监视。袁世凯称帝的图谋日益公开化后，梁启超曾冒着很大风险，与蔡锷"密议倒袁"。①蔡锷后来精心策划逃出北京，改名换姓，取道越南回云南。抵昆明的第二天，就出任讨伐袁世凯的护国军总司令；而梁启超则秘密去广西，说服陆廷荣起义，并自称总参谋。在反袁斗争中，梁启超、蔡锷师生，患难与共，舍死忘生。蔡锷病逝日本后，梁启超备感哀痛，著文纪念，并在著述中多次写到蔡锷。直到蔡锷逝世十周年时，仍亲自至北海公园参加纪念活动。

二十世纪二十年代，梁启超在清华大学国学研究院担任导师，培养了一大批历史学家。这些人成为近代第二代史学家中的中坚。如陈守实教授，即为他的高足之一。陈守实先生对梁启超十分崇敬，把梁氏所辑明遗民、海外孤忠朱舜水（1600—1682）联语"气恒夺而不靡，志恒苦而不弛"当作座右铭，潜心史学，刻苦钻研。守实先生完成的毕业论文《明史稿考证》，以大量确凿的证据，证明此书是万斯同的心血之作，而为王鸿绪剽窃、改窜。梁氏仔细审读了这篇文章后，在文稿封面写下评语："此公案前贤虽已略发其覆，然率皆微词，未究

① 沃丘仲子：《现代名人小传》卷下，蔡锷传，中国书店影印，1988年版。

全谳。得此文发奸摘伏，贞文先生（按：万斯同死后，门人私谥曰贞文先生）可瞑于九原矣。然因此益令人切齿于原稿之淹没，其罪与杀人灭尸者同科也。十五年十二月廿一日启超阅竟记。"①梁氏与陈先生情谊深厚。陈先生在研究院求学期内写的日记中，曾惊叹"任师天资英发，在不可思议间，非学力所关也"。后来梁氏因患便血病到协和医院治疗及随后在天津家中休养期间，陈先生都曾数次前往探视，聆听教诲，见梁病状，忧心如焚。梁氏在病中嘱陈先生办的事，他都尽力完成。如王国维（1877—1927）在昆明湖自沉后，陈先生受梁氏之托与其他弟子一起，向研究院导师募捐，陈寅恪（1890—1969）等都积极响应，筹足一大笔钱，给王国维立碑。陈先生在清华研究院毕业后，去天津南开中学任教，也是由梁氏亲自安排的。梁氏还在病中书赠守实先生对联，集自温飞卿的"更漏子"，苏长公的"念奴娇"，牛希济的"生查子"，秦少游的"庆宫春"。全文是："漱石仁弟乞写旧集词句：春欲暮，思无穷，应笑我早生华发；语已多，情未了，问何人会解连环。丁卯浴佛日梁启超。"此联现存，已成珍贵文物。

　　又如梁氏的另一位高足明清史专家谢国桢教授，在清华期内，常常得到梁氏的指导。1927年，他在清华国

① 　原件现藏于陈守实先生夫人王懿之师母处。参阅王春瑜《梁启超与陈守实》，《大公报》1989年2月10日"艺林"。

学研究院结业后，即应邀随梁氏至其天津家中，担任其子女梁思达、梁思懿等人的家庭教师，同时继续从梁氏问学。他们同桌吃饭，茶前饭后，经常听梁氏论学。后来，他回忆梁氏对他的隆情高谊时说：

> 1927年夏，桢在清华大学研究院结业后，即馆于天津梁任公师家中，……先生著述之暇，尚有余兴，即引桢等而进之。授以古今名著，先生立而讲，有时吸纸烟徐徐而行，桢与思达等坐而谈。先生朗诵董仲舒《天人三策》，逐句讲解，一字不遗。余叹先生记忆力之强，起而问之。先生笑曰："余不能背诵《天人三策》，又安能上万言书乎！"……先生健于谈，喜于教诲……每饭余茶后，茗碗之间，为桢讲研究历史之方法，及明末清初甲乙之际史迹，桢辄引笔记之。桢之所以略知史部簿录之学，纂辑《晚明史籍考》，研治明季"奴变"，清初东南沿海迁界，江南园林建筑，以及南明史迹，粗有辑著，皆由先生启迪之也。①

梁启超是近代明清之际史学的开山祖师，谢国桢先生在他的亲自教诲下，予以发扬光大，成果累累，对彼此来说，都是幸何如也！谢先生曾吟哦"忆昔梁门空立雪，白头愧煞老门生"的诗句，那是过谦了。其实，应当说，若非梁门曾立雪，焉能中外传盛名？

---

① 谢国桢：《明末清初的学风》，人民出版社1982年版，第279页。

沈右揆与《黛玉葬花图》

　　1959年冬，我随亡妻过校元（1937—1970）女士回其故里无锡省亲。过氏乃无锡望族，明清以来，为政、经商、业儒者，每誉闻乡里，名播江南。先岳父过季荃公乃工厂主，但亦秉承家传，爱好字画，收藏甚丰。大内兄告我，阁楼堆满字画。我与校元遂至楼上参观。因久无人料理，尘封垢积。解开数十轴，有明、清时过氏先祖遗像，皆工笔，神情肃穆；有万历时画家袁楷大幅彩色绢画《杏林春色图》；有何绍基书"润泉四兄属"联语两轴，上联是"闲居必种数竿竹"，下联题："老笔常开五色花"；等等。但是，令我惊喜并感叹久之的是《黛玉葬花图》：在微风细雨的江南三月，弱不禁风，因肺病折磨致眼泡微肿、一身淡装的林黛玉，肩负花锄、绢袋，手持扫帚，伫立在一株盛开的桃树下，望着满地落英，不胜惆怅，似乎正沉湎在"而今葬花人笑痴，他年葬侬知是谁"的悲凉氛围里。从清代改琦以降，画林黛玉葬花者不乏其人，但能像这幅画清新悠远，相当准确体现《红楼梦》黛玉葬花情景的，管窥所及，实未见也。黛玉死后，李纨曾无限感慨地说，只有青娥、素女才能与她媲美。这幅画使我仿佛看到了重现人间的青娥、素女。还值得一提的是，黛玉虽是姑苏人，但随父林如海在扬州度过寂寞的童年，堪称是半个扬州人；而扬州佳丽如云，鹅蛋形脸者甚众，此图中的林黛玉正是鹅蛋形脸，这也是耐人寻味的。

此画左下角署曰："丙子仲冬秀州沈右揆"。下盖长方形图章，镌"右揆"二字。字迹娟秀，可知作者沈右揆乃女画家也。她的身世如何？此画上方题有款识诗，曰：

展卷令人意不平，丹青出自女儒生。世情只解怨花落，不道风霜厄女贞。

下注："女士秀水名家子，有高才，事亲不嫁。某岁，避难吴兴，遇疾，女伴觊其行装，遂不得医治而卒，伤哉！癸未秋日阳湖钱振锽题（押章是'癸卯进士'）梁谿顾宝琛书。"由此我们知道，沈右揆乃独身女子，因女伴作祟，不幸病故于吴兴（今湖州）。英才不永，身世凄凉，风霜严酷，令人浩叹。题诗的钱振锽先生，乃江南名士，字名山，常州人，著述宏富，且为著名书法家。他是清光绪癸卯（光绪二十九年，1903年）科进士，故有前述闲章。不才同事王培真君，藏有癸卯科进士题名录，曾示余，钱老先生大名赫然在焉。抗战时，他曾在常州卖字，捐款抗日，1944年秋病逝于上海，享年七十。以钱名山之盛誉，能为此画题诗，足见他对此画之珍视，惜乎所述沈右揆生平过略。书法家顾宝琛氏生平，我曾询及数位梁谿（谿亦作溪，梁谿即无锡）文史学者、书法家，皆云不知。岁月匆匆，三十多年来，我曾多方留意搜集沈右揆女士资料，竟一无所获。亡友杨廷福（1924—1984）教授，颇懂赏画，且与海上著名花鸟画老画家唐云先生为至交，他见此画后，颇欣赏，谓沈右揆乃一代才女，笔下飘逸脱俗，惜红颜命薄，身世堪怜，建议我将此画发表，也算是对沈女士永久之纪念；我也曾将此画请文友著名红学家冯其庸教授及周雷先生鉴赏，两位亦皆谓此画无半点匠人气息，洵为佳作，可在《红楼梦学刊》发表。但我总以沈右揆身世不明为憾，难以向读者交代。

皇天不负有心人。去年深秋，经湖州文友张建智先生介绍，得以结识青年学者、因编《秀州书局简讯》而在知识界声誉鹊起的范笑我先生。我在电话中向他询及沈右揆事迹，几天后，就有了眉目：他向年届九旬的嘉兴文坛耆宿庄一拂老先生（古典戏曲研究家，著有《古典戏曲存目汇考》《明清散曲作家汇考》等书）请教，庄老告诉他：确有沈右揆其人，她是民国前期嘉兴女子师范的美术教员。多承笑我雅意，特将此事揭诸《秀州书局简讯》，不久，南浔的嘉兴地方史专家、年逾八旬的吴藕汀老先生写信告知笑我：沈右揆是秀水画派潘雅声（1852—1921）之弟子，擅长花卉、仕女。（按：潘雅声名振镛，字承伯，以号行）传世作品中以仕女为多，如《贵妃图》《明妃出塞》等，世人宝之。真乃名师出高徒也。

这样，我们对沈右揆女士生平的了解，终于有了基本线索。此画落款的"丙子仲冬"，当为民国二十五年（1936）。钱振锽先生题款的"癸未秋日"当为民国三十二年（1943）。沈右揆卒年，当在抗战初期，极有可能死于日寇犯嘉兴，因躲避铁蹄而逃亡湖州之时。呜呼，国破家亡，"乱离人不及太平犬"，夫复何言！由是更可推断，名山先生题此画时，江南已是沦陷区，不无顾忌。对沈右揆死事，也只能曲笔隐约书之了。"不道风霜厄女贞"，此风霜乃民族被难之风霜也！当年名山先生题诗时心中之悲愤，又何可胜言哉！思之不胜怆然。

柏山忠魂何处觅

近读《王元化学术年表》，述及老作家也是老革命彭柏山，不禁感慨系之。余生也晚，不可能见过这位前辈。但当我几次路过盐城市盐都县郊的郭猛烈士纪念碑（按：郭猛，江西吉安人。1930年参加红军，1932年入党，参加过苏维埃运动与三年游击战争，后任新四军一师三旅四团政委，1942年1月于秦南仓战斗中牺牲），不禁想起他的好友彭柏山，以及彭柏山悼念郭猛烈士的文章《忆郭猛同志——用战斗作纪念》。此文载于新四军军部政治部1943年10月编印的《革命烈士纪念文集》中（见是书第59—62页）。历经战火与动乱，我相信此书已成稀见本。我存有此书，实在也是侥幸。现将此文复印，以柏山遗文的名义，借《文汇读书周报》一隅刊出，俾使有更多的人能读到此文。

我想，可能会有人搜集柏山遗文的吧？听说柏山夫人还健在，她以及柏山生前的好友，看到这篇文章，一定会高兴的。走笔至此，眼前不禁又浮现出郭猛烈士庄严、巍峨的纪念碑。可是，又有谁会为他的出生入死、军功卓著、后蒙冤而死的战友彭柏山立纪念碑呢？我看柏山还不如当年与郭猛一起战死在日寇的枪口下呢！呜呼，柏山忠魂何处觅？思之不胜感喟，又何言哉。

1998年1月9日于京南

附文：

忆郭猛同志
——用战斗作纪念
柏　山

郭猛同志牺牲了。

我得到这一消息后感受一种难于言说的感情的压迫，我沉默了。

其实，牺牲对于战斗者，并不是什么奇异的事。在战场上，我看到同伴倒下去，但自己并不顾虑。枪弹也会射中自己的脑袋而退出战场，反之，正因为死者的血，激励自己血肉的紧张，而奋勇前进；要是谁因为死者的血而流泪，那岂不是在敌人面前示弱吗？

然而今天，对于郭猛同志的牺牲，我虽则无泪，但他那活的人生的印象，却使我感受十分的精神上的痛苦。说起来，他是什么地方人，过去干过些什么工作，以及他究竟是否真姓郭，从来我也没有问过他，原因：是没有机会。所以他所留存给我的外表的印象：仅仅是他那浓黑的眉睫，两只尖锐而发光的眼睛。此外，便是他那左手写出来的字，非常敏捷而有力——因为他的右手在战斗中负伤残疾了。

当然，他所使我难于忘却者，并不在他的特殊的外貌。

那是去年七月间：我跟着部队由东台上盐城去，路过他们的宿营地。他听到我们的部队来了，便站在路边等着我。他一望见我，便向我摇手，喊道："老彭，老彭。"我望着他那笑盈盈的脸，便跑上去抓住他的手。

"想不到今天还会见到你。"

他兴奋的笑说着，而我却因他的话而感受刺激了。我很沉痛地回答道：

"人生最大的兴趣，便是从死亡线上活过来。"

他鼓励着我说："老彭不错。"

以后，我们便谈了我曾经被敌人捉去和逃脱的经过。末了，他告诉我，他近来喜欢鲁迅。要是在别种情形下，以一个工农出身的战士而喜欢鲁迅，那是令人难于置信的；然而对于他，我不敢轻视；并且我想，假使他这种富于战斗生活的人，能够用思想武装自己，那我们便将有"望尘莫及"之叹。

我带着这思想和他别离了。

一个半月之后，我又跟着部队从阜宁南下。那正是敌寇占领盐城以后，向冈门、秦南仓进行分区扫荡的时候，我们的队伍在秦南仓北面，和敌人遭遇了。那时全个部队都感着水网地区作战的困难。突然得到一个消息，说第四团郭政治委员带队伍来接我们了。于是大家听到郭猛的名字，好像得到救星似的，兴奋起来了。就在这高涨的战斗的情绪下，那天，我们在范吉庄将敌人击退了。

晚上，在冈门南面的水网区的那个太平堆的一条小街上，我们和第四团第一营汇合了。我们一跑进郭猛同志住的屋子，他那洁白的蚊帐挂得高高的，似乎他们要在那里住家一般，安闲无事。他还是那般笑嘻嘻的，使我非常诧异。我问道：

"你们是不是来接我们？"

"不。"他简单的回答，"我们另有任务。"

"那么，我们呢？"我问。

"你们可以在附近宿营。"他指定的说。

"敌人不是扫荡吗？"我说。

"我们来反扫荡。"

他是那么自然的说着，而又镇定的微笑。

第二天黄昏，我们的队伍和他们的队伍同时出发：他们进攻秦南仓；我们要从秦南仓东面偷渡南下。可是翌晨拂晓，我们到达预定的地点，郭猛同志却早已带了队伍胜利归来了。他们的这一英勇的行动，给予我们全体战士一种特有的兴奋。因而我得到一个启示：胜利是属于勇敢的战士的。我以此鼓励自己，同时鼓励我们的战士。

可是就在那天下午，敌人又用汽艇封锁河道，准备向我们进行报复了。

那时，郭猛同志拿着一张地图，坐在我旁边，脸色非常沉静，毫无笑容。他蹙着眉头，注视着地图上的蓝色的河网，像要在那上面找到自己的出路似的。他的神经紧张起来了。

突然，那装在土地菩萨旁边的电话机响起来了。他抓住电话筒问道：

"敌人在什么地方放机枪？"

"唔唔……你们准备战斗。"

"把他们调到后面来。"

我听电话里的声音，知道敌情紧张。我看看表已经三点十分了。依照一般情况判断，过了两点钟，向我们进攻的可能性就很少。我于是对他说：

"老郭，我们还是准备离开吧？"

"不。"他断然回答，"我们的任务，是坚守这个阵地。"

他说着翻开地图，用他那不完全的右手的小手指，指点着向我说："你们没有任务，即刻带了队伍，向南面去，我们在后面牵制敌人。"我得到他这一指示，便决定继续前进，当晚我们就由他所指定的路线，离开了敌人的封锁线。至于他们那晚是否和敌人发生了战斗，我们也就不知道了。

可是今天，我们因了他的指示，安全到达了。但他却在战斗中牺牲了。那么，活着的我们，还能说什么呢？我们唯有用战斗纪念而已。

4月9日于海复

抢救美军飞行员

在第二次世界大战中，中美两国人民曾共同抗击日本法西斯侵略者，结下深厚的战斗友谊。在反法西斯战争的后期，美国空军经常出动飞机去奔袭、轰炸日本本土的军事、战略目标，因种种原因，飞机曾经好几次失事，坠落在中国沿海地区，都受到中国人民的积极营救，救死扶伤，安全转移，成为中美两国关系史上的动人篇章。

1944年2月11日，美军著名将领陈纳德将军率领的14航空队飞行员指挥兼教官的敦纳尔·克尔中尉，率领20架战斗机从桂林机场起飞，护卫13架轰炸机袭击九龙日军的启德机场。在香港上空，与日本空军激战，克尔的座机不幸中弹起火，克尔被迫跳伞逃生。他被南风吹到机场北面新界观音山上空，慢慢降落。日军见状，即派出搜索部队，向观音山进发。这时，中国共产党领导的华南抗日武装东江游击纵队港九独立大队手枪队员，年仅14岁的少年李石刚好送信路过此地，看到克尔，判定他是抗日盟军成员，就用手势招呼他快跟自己跑，来到观音山外的芙蓉别村附近的一个山坳里，李石将克尔藏在隐蔽处，就跑到村里找到港九独立大队负责民运工作的女同志李兆华。李见日寇已一边开枪，一边追过来，就立即让人将克尔转移到较为偏僻的吊草岩山坳处隐藏起来。随后，她得悉日军已出动上千人包围这一带，便又机智地将克尔转移到日军据点附近的北围村山窝里，这里处在日军的眼皮底下，反而安全。为解救克尔，港九独立大队手枪队用"调虎离山计"，在日军心脏地区开展麻雀战，骚扰敌人。日军惶惶不安，被迫抽回部分兵力。一个星期后，克尔被游击队员辗转送到东江纵队司令部。不久，克尔就安全地回到了桂林14航空队队部。同年6月11日，东江纵队《前进报》刊登了克尔的感谢信和五幅他本人画的脱险经过的漫画。信中写道："我2月11日给你们勇敢的人安全地和舒适地在敌人中间藏匿起来……中国抗战已赢得全世界的敬仰，而我们美国人亦以能与你们如兄弟般一同作战而自傲，在战争里以及在和平的时候，我们永远是你们的同志。"①后来，这次营救克尔的行动，被拍成电影，叫《一个美国飞行员》，在各地上映。

1944年农历七月中旬。美国空军奥利渥·欧斯德尔等机组11人，驾驶"超级航空堡垒"B-29型远程重型轰

①　李兆华：《掩护美国飞行员脱险记》，《纵横》1984年第4期，第74页。本文是由李兆华口述，刘百粤、邓镇坚、李招培整理的。

炸机，从重庆起飞，准备去日本轰炸。但刚飞到黄海，发动机发生故障。他们把炸弹扔到黄海返航，经渤海飞回，离陆地还有二三里，就不能继续飞行了，被迫跳伞。其中有四名同伴提前跳伞，葬身海底。这些在陆地跳伞的七名机组人员，降落在冀东昌黎县靠近渤海的小渔村后七里庄附近。在中共昌黎县委的救护下，七名机组人员全部平安地进入村内，住在村里比较宽敞的正房里。身材较高的群众主动送来裤褂，换下美国友人被雨水淋湿的衣服。妇救会的妇女，又将这些脏衣服洗净、缝好。这个村子虽然贫穷，老百姓每天仅以稀粥果腹，却从村外找来粳米（旱大米）做饭，给他们吃鸡蛋、花生、香瓜。十多天后，经过滦东地委、冀热边特委、冀东军区的安排，特派冀东主力部队保护，并由武工队掩护，美国友人穿过日军的封锁线，后由晋察冀军区转送到延安。这时已是1945年的早春，整整走了半年，行程约4500华里。在延安八路军总部，美国朋友受到毛泽东、周恩来、朱德的接见和宴请，每人还得到一条延安土制毛毯作为纪念。抗战胜利后，七位美国朋友返回美国。①

1944年8月20日晚8时许，一架重型轰炸机坠落在江苏省建阳县（今建湖县）六区湖桥乡金桥村的一块稻田

---

① 史向荣：《和平玫瑰传友谊——营救美国飞行员纪实》，《纵横》第1期，第107页。1973年夏天，奥利渥·欧斯德尔的遗孀阿玛利亚·欧斯德尔及其小女儿曾专程来华，并献给毛泽东、周恩来两株和平玫瑰，后来邓颖超将玫瑰栽在中南海院中，茁壮成长，成了中美友谊之花。

里。这是著名的14航空队中一架B-29型轰炸机。这架飞机曾多次去日本进行轰炸,这是第四次去日本,不料返航时,引擎发生故障,12名机组人员分批跳伞,第一、第二批因降落在黄海中和敌占区,均遭不幸;第三、第四批机组人员,降落在建阳县境,得到了抗日根据地政府、人民的及时救助。由于这几位美国友人的降落地点及飞机坠落处,离日伪军盘踞的县城湖垛镇很近,日伪军闻风而动,由日军中队长近藤带领一百余人,企图抢夺飞机及飞行员。新四军建阳县总队长王良太①率领数十名战士冒雨赶到,在民兵的支援下,与敌激战四小时,敌军被重创后逃跑,我军机枪班长李绍义等四名战士,献出了年轻的生命。美军威廉·萨沃依中校(大队参谋长)、斯特尔马克中尉(工程师)、奥布赖恩上尉(领航员)、卢茨中尉(副驾驶,黑人)、布伦迪奇(上士,射击手)等五人都被及时送到二区区政府,受到热情款待,后又在高作的大卜舍住了几天,②送到新四军三师师部所在地益林镇,受到师参谋长洪学智和数千名战士、群众的盛大欢迎,随后黄克诚师长、张爱萍副师长又接见他们,并召开了欢迎晚会。③一星期后,他们又被护送

---

① 中华人民共和国成立后曾任38军军长、兰州军区副司令员。

② 当时笔者正值童年,曾随大人一起去大卜舍看这几位美国人及降落伞,亲眼看到村民对他们的友好情况。

③ 戴文兵:《抢救美军飞行员纪闻》,《古今掌故》第2辑,四川社科院出版社1987年版,第134页。

到新四军军部，受到了盛情款待。当时正是国共合作时期，军部将五名美国飞行员送到与大别山接壤的国民党所属李品仙部队。他们辗转三个多月，经过艰难的跋涉，由国民党军队妥为护送，终于安全地回到大本营——成都空军基地。抗战胜利后，他们都返回美国故乡。①

---

①　《水乡壮歌——建湖人民革命斗争史》，南京大学出版社1994年版，第143页。按：1986年6月，我国国防部长张爱萍上将在应邀访美时，曾与威廉·萨沃依、布伦迪奇、卢茨亲切会面，共进午餐。在座的布伦迪奇夫人对张爱萍说："中国人民是我丈夫的救命恩人！"新闻媒体纷纷报道，一时传为佳话。

施耐庵故乡考察散记

　　3月初，尽管北京今年春早，身穿毛线衣即可走上大街。但草木尚未转青，依旧是冬日景象。站在八达岭的古长城上远眺，华北平原，莽莽苍苍，一派北国风光。而一到江南，风光便大不一样了！当我在南京车站下车，在玄武湖边漫步时，马上惊喜地看到，柳树已绽出鹅黄色的嫩芽，水滨碧草如茵，春意盎然。

　　当然，我来南方，并不是为了"迎取春光入画笺"。比江南春色更吸引我的是，大丰县白驹乡是我国古代优秀长篇历史小说《水浒传》作者施耐庵的故里。早在去年9月和10月，大丰县人民政府即先后成立了施耐庵史料调查小组、施耐庵史料文物征集小组，陆续发现了关于施耐庵的珍贵文物及史料。作为一个史学工作者，我欣喜地感到，学术界长期以来争论不休的悬案——《水浒传》作者到底是谁这个谜，即将揭开；施耐庵的身世，将大白于天下。正是怀着这样兴奋的心情，我迎着春光，在施耐庵的故乡苏北平原考察了二十多天，受到了盐城地区文化局、大丰县和兴化县人民政府、白驹公社等有关部门的热情接待与大力支持。此刻，当笔者在长江边上一座古老的小城，动手写这篇考察散记时，二十多天来的所见所闻，仍令我感到振奋不已。

台湾赵知人先生的一篇文章

从去年秋天以来，在江苏——特别是在苏北地区，正在兴起一股施耐庵热。笔者在南京、扬州、盐城、大丰、兴化等地，所接触的人，不论是学术工作者、老干部，还是农民、身份不详的旅客，一说起施耐庵，便啧啧称羡，眉飞色舞。但是，这股施耐庵热是怎样兴起的？我到了大丰，从县政府、县委的负责人及施耐庵史料、文物征集小组的同志那里了解到，去年7月26日，台湾的赵知人先生在《大华晚报》上，发表了《施耐庵的故里及遗迹》的文章。他满怀深情地回顾了抗战胜利后访问施耐庵故里、坟墓及其后裔的情景：

施耐庵先生，是江苏省兴化县白驹镇（笔者按：今白驹镇属大丰县）施桥村人……据施氏族谱记载："吾族始祖耐庵公，明初自苏迁兴。"……施先生隐居于此后，即不问世事，在白驹镇专心从事《水浒传》的写作。……笔者当时所能看到施族中最古老的屋宇，要算是白驹镇北街的"施氏宗祠"了。据其族谱记载：宗祠是施公故居改建而成的。……一代大文学家施先生的坟墓，在施桥村东边一处高地上，墓园及墓地基占地约一亩余，四周植有古松及翠柏，间有杨柳和古槐，郁郁苍苍，非常壮观。……据施耐庵十七世孙施树春等老人讲，每年清明节前三天，住在附近村落的施姓后裔，祭祀的仪式极为隆重，此风相沿数百年而不辍。

他还断言，综合"施氏故里及其遗迹"，《水浒传》的作者乃施耐庵，"这是令人无可怀疑的"。不久，江苏省柳林副省长看到了这篇文章，十分关注。他当即指示省城建局，召开大丰、兴化等有关县的城建局长会议，讨论进一步摸清大丰白驹镇施氏祠堂、兴化施家桥施耐庵墓的情况，开展施耐庵史料的调查，并考虑在白驹镇建立施耐庵纪念馆，以及修建施家桥施耐庵墓等问题。省城建局的领导，对这项工作抓得很紧。大丰、兴化两县，积极响应。就大丰县来说，很快成立了有县委宣传部、县政府办公室、县文教局负责人参加的工作班子，积极开展施耐庵史料、文物的调查、征集工作。陈如祥县长亲自出马，在白驹公社召开了群众大会，讲明调查、征集施耐庵史料、文物的重大意义。后来，白驹公社又连续召开了几次群众大会，并宣布了保护以及献出施耐庵史料、文物的奖励办法。同时，还分别召开了施耐庵后裔、白驹镇老年居民座谈会，了解有关史料、文物的线索。县、公社广播站，更是反复广播。这样一来，白驹公社附近沸腾起来了！男女老幼，人人争说施耐庵，个个关心找文物。这种盛况，不仅是施耐庵死后五百多年来所未曾有过的，即使在整个中华民族的文化史上，也是罕见的。如果施耐庵地下有知，肯定会热泪盈眶地用他的如椽彩笔，写下这一页珍贵篇章的吧？我想，台湾省的赵知人先生以及所有关心施耐庵及其《水浒传》的文化、学术界的朋友们，在得知这一消息后，也一定会像当年金圣叹评《水浒传》时发出的赞叹那样，连称"不亦快哉！"的。

——何当共剪西窗烛，却话耐庵《水浒》时？我们盼望这一天早日来临。

家谱、墓志、地券的发现

正是在广大群众的协助下，有关施耐庵的重要史料、文物才迅速被发现。

去年10月23日，在白驹镇大会堂召开了近六百人参加的第一批献出施氏史料、文物授奖兑现大会。会上，施耐庵的第十七世孙、七十四岁的施文秀，以及杨宜官等八人，分别获得物质奖励。消息不胫而走，飞快传遍了全县。仅仅五天后，即10月29日，大丰县调查组的张袁祥、陈远松，便得到了施俊岳、陈新远提供的施氏家谱线索。11月9日，张袁祥、陈远松往返160里，在大丰县大道公社和瑞大队社员施俊杰家，征集到《施氏家簿谱》（长门谱）。这是1918年施耐庵第十八世孙施满家的手抄本。施俊杰慨然将原件献出，并高兴地说："这是我们施家的事，不要政府奖励。"这本家谱很有价值。比起五十年代初期学术界在苏北发现的施氏家谱（支谱），它不仅也以"第一世始祖彦端公字耐庵"为开端，从而证实了施氏家谱，不管是长门还是支门，都是奉施耐庵为始祖。更重要的是，此家谱内收乾隆四十二年（1777年）施耐庵第十四世孙施封写的《施氏长门谱序》。据此序"族本寒微，谱系未经刊刻，而手抄家录，……相延不坠……"的记载，我们可以清楚地知道，早在明代，施氏即修过家谱，世代相传；而这本新发现的施氏长门谱，则是因旧谱失火被毁后，在乾隆中叶重新"修辑"的，距今也已二百余年了。过去，学术界的某些人，只看到五十年代初发现的施氏族谱是清朝末年修的，便怀疑施氏家谱的可靠性，认为施姓奉施耐庵为始祖，是慕名所致，不足信。现在，我们读了《施氏家簿谱》，便不难看出，上述怀疑是不能成立的。[①]

---

① 这里，我想更正一条史实：2月1日，《光明日报》史学版刊登了我写的《大丰县调查施耐庵史料喜获成果》的消息，其中说到这本施氏家谱，内录"淮南一鹤道人"杨新在明朝景泰四年（1453）撰写的《故处士施公墓志铭》，其中有"先公耐庵……国初，征书下至，坚辞不出。隐居著《水浒》自遣"的记载。这是不确切的。最近我在大丰县核对了《施氏家簿谱》原件，发现并无"国初……"至"自遣"这行字，应予更正，以免以讹传讹。但1952年发现的施氏家谱内录杨新撰施让墓志铭，有此一段记载。其原因，以后在专题论文中将予以阐明。

11月9日，白驹公社马家三队青年社员王显庆，向施耐庵史料、文物征集办公室，献出施耐庵第九世孙施奉桥地券一块。3月13日，笔者在白驹公社"施耐庵史料、文物征集办公室"，仔细端详了这块地券。这是一块罗地砖，长35.5厘米，宽35厘米，厚5厘米，是363年前埋在施奉桥棺前的。十分难得的是，上刻398个字，绝大部分的字都清晰可辨；它详细记载了施应昌等为其父施奉桥送终、茔葬的经过。开头写道："今据大明国直隶杨（按：原刻如此，乃扬字之误）州府高邮州兴化县白驹场……先公施公奉桥存……年五十一岁，……卒于万历四十五年十二月初七日丑时"。末署"万历四十七年岁次己未季冬月庚午吉旦立券"。查《施氏家簿谱》载谓："明朝邑庠生，第九世，讳字奉桥，古泉长子，元配葛氏。"与施奉桥地券，互相印证，可以说，这块地券是施氏家谱可靠性的铁证。这件重要文物发现的过程，是很感人的。王显庆在献出地券时，曾激动地说："爸爸听到征集文物广播的那天晚上，睡在床上想了很长时间，夜里把我叫醒，告诉我在三里窑有块罗地砖，上头刻了很多字，要我第二天就去寻找。爸爸说，县里重视文物，我们晓得一些情况的，就要认真找，用得着，用不着先别去管它，大海里捞针，捞捞看嘛！"第二天清晨，王显庆即在其父王学松的催促下，赶到三里窑外祖父家的废砖堆里，找到了施奉桥地券。王学松父子这种热心查找文物的精神，是值得我们学习的。

当然，类似施奉桥地券的珍贵文物，非止一件。3月19日，在兴化县政协老同志的座谈会上，县教育局许勤同志给我看了施耐庵儿子施让地券铭文抄件，以及施耐庵四世孙施廷佐墓志铭原件。施让地券，早在1962年清理施让墓时就出土了，有关文物部门也派人去看过，并拍了照片，原件后来放在兴化县文化馆。可惜的是，在十年动乱中，这块地券又不知去向，现正在查找中。铭文计238个字，它的重要学术价值，是在于证实了五十年代初期发现的施氏族谱（刊于1952年第21期《文艺报》）和这次发现的《施氏家簿谱》中所录的"淮南一鹤道人"杨新撰（写于明朝代宗景泰四年，即1453年）《故处士施公（即施让）墓志铭》的真实性。过去，学术界有人怀疑这篇墓志铭是假的，因而其中"先公耐庵……隐居著《水浒》自遣"的重要记载，也就被轻易否定。从施让地券看来，立券的时间，铭文开头明确记载："维大明景太四年二月乙卯朔，越有十五日壬寅"。这与杨新撰施让墓志铭末署时间"景泰四年岁次癸酉二月乙卯十有五日壬寅立"，完全相同。这就充分表明，杨新撰施让墓志铭，与立施让地券，是在同一时间，地券铭文，说不定也是杨新起草的。尽管1962年清理施让墓时，并没有发现施让的墓志铭，其原因不外乎是：事实上，施让墓早在1958年农民平整土地时即被发现，到1962年有关部门闻讯去清理时，仅剩残墓，除朽棺一口、地券一块、部分碎瓷外，未见他物。但是，这并不排斥有人早在1958年刚发现施让墓时，即已拿走施让墓志铭的可能性。当然，也有可能杨新写好墓志铭后，施家由于经济或别的原因，没有刻石，仅仅在罗地砖上刻了地券，而墓志铭的文字被保存下来，载入家谱。这种现象在明清时期的家谱中，也是司空见惯的。显然，有了施让地券铭文的物证，杨新在距今529年前关于施耐庵在白驹隐居著《水浒》的记载，应当是真实可信的。关于施廷佐墓志铭，《光明日报》2月10日刊载的《施耐庵重孙墓志铭在兴化发现》，已经作了介绍，此处从略。但是，需要指出的是，笔者在盐城地委宣传部宣传科长曹晋杰处了解到，他在1979年8月初，与大丰、兴化二县宣传部的同志去白驹采访时，即在兴化大营公社施桥大队发现了施廷佐墓志铭，并抄下铭文中的开头两行及末署时间的文字。没有想到，在他们走后，墓志铭未能及时送往县文化馆保护，在社员施应满家中被当作磨刀砖用，等到大丰县调查小组去年12月2日在施应满家看到这块墓志时，大部分字已模糊不清。因此，赤布在《光明日报》报道的施廷佐墓志铭文，远非全貌，对照曹晋杰抄下的文字，少了一些字，而且有些字是带关键性的。对此，笔者拟专文考证，这里不详述。由此我们想到，普及文物知识，宣传保护文物的重要性，在苏北的某些农村，直到去年12月初，还没有提到议事日程上来，以致施廷佐墓志铭这样重要的文物，遭到严重损害，使人感到太遗憾了！

白驹·施耐庵墓·蔡公杰

本文前引的赵知人先生文章中所描述的"非常壮观"的施耐庵墓，现在怎样了？3月13日，我以迫不及待的心情，与大丰县副县长高济宽、文教局副局长陈云飞等同志，一起驱车至白驹镇，参观了施氏祠堂遗址、古老的街道、传说中施耐庵写《水浒》时住过的茅家园等地。白驹附近，地形复杂，河流密如蛛网，从镇周围不少地名叫某某垛可以推知，古代，这里本有湖泊。环顾白驹镇周围的地理环境，会使你很快联想起梁山泊，感到这里确有《水浒》气。下午，我们坐船航行一个多小时，来到了兴化县新垛公社施家大队，凭吊施耐庵墓，墓园占地约一亩，植有数株杨槐。正南面，有砖砌牌坊一座，高约一丈五尺，三门，中门匾上题"耐庵公坊"四个大字。土冢前，正中立有墓碑一块，高四尺许，阔约一尺五寸，厚约四寸。正面碑文上款是"民国三十二年春兴化人民公建"，中题"大文学家施耐庵先生之墓"，下款是"陈同生敬书"。碑的反面，是我党领导的抗日民主政权兴化县长蔡公杰的题词，文谓："……余于癸未春衔命来宰兴化，时国难方殷，倭寇陷境，县市城镇，悉沦敌手，我政府乃于广大农村中坚持焉。邑之东北隅有施家桥庄者，施氏之故庐也。考施氏族谱所载，先生元末避张士诚之征而隐于此。施氏之墓在庄之东北，以年久失修，一抔黄土，状殊冷落。……余酷爱《水浒传》之含义深刻，尤慕先生之萃励襟怀，爰重修其庐墓，以为后人风。或不为非乎？于竣工之日，因题其颠末。"可惜从1943年以来，此墓就未再被认真修理过，牌坊、墓碑，都因常年风化而有所损坏。我们相信，兴化县人民政府不久即重建的施耐庵墓，将以崭新的姿态，出现在国内外学术工作者及广大群众的面前。我从墓地附近施氏后裔及老社员处得知：1943年修墓时，在坟前曾挖出数块古砖，一个壮实的小伙子，只挑得动四块；在"文化大革命"的年头，红卫兵曾来扒坟，但他们用钉耙掘下去，发现砖头是用糯米汁、石灰砌成的，坚固异常，只好望墓兴叹，灰溜溜地走了；墓东侧原有砖砌的墓道，现已被泥土封堵；施耐庵之子施让墓、四世孙施廷佐墓，均离此墓不远，在明代，这里应是环绕祖坟的墓群，也就是俗语祖茔地。凡此种种，都表明了施耐庵墓确实是座古墓，绝非弄虚作假的产物，无怪乎从明朝到解放前，住在白驹和施家桥的施氏后裔，年年清明都要前来扫墓、祭祀，纪念他们的祖先施耐庵了。

从墓地归来，我被蔡公杰县长在抗日游击战争的艰难岁月里，隆重修建施耐庵墓，深深地感动了。这件事，是我党重视历史遗产、珍惜祖国文物优良传统的体现。

同是抗日战争的年月，八路军为了从日本侵略者手中抢救出山西赵城金藏四千多卷，与敌寇浴血奋战，牺牲了不少战士，终于将这批珍贵古籍妥善保存下来，解放后交由北京图书馆收藏。蔡县长修理施墓，与八路军的抢救文物，都是中国文化史上熠熠生辉的篇章，是值得大书特书的。如今蔡县长在哪里？我在扬州拜访扬州师范学院孙达五副院长时，才从他那儿打听到，蔡公杰现任江苏农学院副院长。3月28日晚，我去蔡公杰家拜访他，感谢他热情地接待了我。他生于1918年，今年六十四岁。他满怀深情地回顾当年修墓时的情景说："1942年，我从李堡区区长任内，调到兴化县当代理县长，后正式任县长，当时只有二十四岁，还是个小伙子呢！"他告诉我，当时兴化除他这位县长外，还有两个县长，一个是城里敌伪政权的县长，还有一个是国民党韩德勤手下的顽军县长。我们的抗日政权，依靠人民，与敌、伪、顽斗，坚持在兴化水乡。此时兴化县属苏中区第二专员公署领导，专员是陈同生。陈专员曾几次跟他谈起施耐庵，他便下决心修建施耐庵墓。毕竟是年轻啊，有股冲劲，他找来施姓族长，请他吃了饭，看了他带来的施氏家谱，认为施耐庵确有其人，便很快拨了四十担小麦，作为买石碑、砖瓦、石灰、工人工资的经费，委托因身体不好，正在施家桥休养的永丰区区长杨莆仙负责施工。也不过花了个把月，施耐庵墓就修建好了！蔡老带着自豪的神情，告诉我："这件事，当时影响很大。尤其是在敌占区，很多人都说：新四军并非都是泥腿子，有识之士，不乏其人。修建施耐庵墓，表明他们是尊重历史、文化的！"——我以为，这些当年敌占区的人，说得很对。蔡公杰、陈同生等老同志，都的确是尊重祖国历史、文化的有识之士！

从蔡老家告辞出来，我在古老的扬州街头漫步，沉思。我们伟大的中华民族，有悠久的历史。几千年来，我们的祖先"江山代有才人出"，涌现出很多杰出的科学家、文学家、史学家、画家……他们是我们民族的骄傲，应当永远受到子孙后代的崇敬。《水浒》作者施耐庵，正是其中的一位，他同样应当受到景仰。是的，关于他的身世，学术界过去有分歧，今后也还会争论下去。但是，那种否定历史上有施耐庵其人的论点，是根本站不住脚的。

"烟花三月下扬州"。不，我是烟花3月离扬州——踏着春光归去，满怀确有施耐庵其人，并在大丰白驹、兴化施家桥一带最终著成《水浒》的历史信念。二十多天来的苏北考察，将使我终生难忘。再见吧，施耐庵故乡的乡亲们！

1982年4月1日写于姑孰

附记：

此文原刊《光明日报》，后编入拙著《"土地庙"随笔》（光明日报出版社，1988年）。历史上有无施耐庵其人，以及原兴化县、今大丰县白驹镇一带的元末明初人施耐庵，是否就是《水浒》作者施耐庵？这是学术问题，大概要永远争论下去，本不足为怪。令我奇怪的是，本文发表后，除了受到某县人士到处写信告我刁状外，更有一些风派文人，写信给当时手握大权的某位领导告黑状，污蔑我去苏北调查施耐庵史料时，打某位领导的旗号。显然，他是想用政治手段解决学术争论，借手把我打下去，我义正词严地给有关领导写了一封信，要求彻底调查此事。何满子先生不久前在《文汇报》上著文《写一部告密史如何？》，我举双手赞成。没有一个告密者不是诬陷者。有这样的人在，文坛、学苑就难以平静。

1998年3月22日于老牛堂

残疾英豪谱

体魄健全的人，很难深切体会残疾人的痛苦。在古代，政府很少有保障残疾人生活的措施，他们在家庭、社会上，往往备受歧视、欺凌，家境窘困者，生活就更加悲惨。值得称道的是，有些残疾人在厄运面前，不甘沉沦，奋力与命运抗争，坚强地生活着，使自己残而不废，有的人还以自己的一技之长，为社会做出贡献。他们称得上是残疾英豪，其生活轨迹，使健康的人也从中深受启迪。

唐代大历中，洛阳天津桥有个乞儿，无两手，以右脚夹笔写佛经，每次书写前，"先再三掷笔，高尺余，未曾失落"。那么，他的字写得如何呢？史载："书迹官楷，手书不如也。"（段成式：《酉阳杂俎》前集卷5）这是多么不易！

明代嘉靖年间，常州有个年轻的丐妇，自幼患风病，致使双手痉挛在胸，不能举动。她行路也十分困难，只能"两膝翻转着地而行"，但是，她与前述唐代的乞儿一样，以脚代手，能以双脚趾纺棉花、拈线、穿针、缝纫、饮食，"凡事与手不异"。（徐充：《暖姝由笔》）明末松江有个乞妇，有足无臂，"以足穿针，自为缝补"，并烧火做饭，可谓与常州丐妇异曲同工。前年，中央电视台的新闻节目中，曾播报山东一位农妇，无臂，用双足擦火柴生火做饭、和面、切面条、穿针引线、缝制衣服；并悉心照料卧病在床的公爹，端饭送水，嘘寒问暖，令人感奋不已。

明末一富家儿，呱呱坠地时，头面俱好，但上身有肩无臂，下身有股无腓，不过男根倒是完好如常人。长大后，老爸给他娶妇，"每欲交合，抱置腹上，一婢捧其臀而推之。后果生男，身皆完好"。（吴履震：《五茸志逸》卷6）你看，此人残废到如此严重地步，但有志者事竟成，照样有了后代，续其香火。更难能可贵的是，此人经刻苦锻炼，竟学会了骑马、打猎，"家人抱上马背，亦能夹鞍而坐"。真是够神气的啦！

清代道光年间，有个江西人，"手缩腹中，隐隐能动"，当然是派不上用场了。但是，却身怀一项绝技：在长竿上挂一块兽皮，然后以一足持弓，一足取箭，向上射去："有发必中"。（甘熙：《白下琐言》卷4）这样好的箭法，称他是神箭手，也不为过。

将近四十年前，我在江苏胡垛镇读初中时，校长杨学贤先生，特地请了一位残疾卖艺人来校，在礼堂给全校同学表演。此人双臂皆无手，两腿也仅残存腿根部五寸许。但是，他不仅能擦火柴，与其弟一起表演接飞碟，并能鼻顶一根野鸡毛，在台上跳来跳去。最令人惊叹的是，他无需任何人帮助，竟能自己从地下爬上桌子表演。表演结束，杨校长请他对全体同学讲话，他只说了一句："世界上没有克服不了的困难！"他的语气是那样沉着、坚定，充满了自信，因而赢得一阵雷鸣般的掌声。几十年来，我常常想起这位优秀的残疾人，他的那句朴素却闪耀着真理火花的话，更时时激励着我——特别是在我遇到重重困难的时候。

台湾《大成报》1990年8月3日副刊

张松式人物谱

有这样一则故事：某人作客归，对家人盛赞友人家所挂对联精彩至极，连声感喟："叹为观止！叹为观止！"家人想分享其眼福，便请他介绍一下所见对联的内容，不料他想了半天，一个字也说不出来。显然，这是一个典型的健忘者，设身处地想来，他实在是很苦恼的。而在茫茫人海中，另一类人，则记忆好得出奇。读过中国古典小说名著《三国演义》的人，都不会忘记巴蜀奇才张松反难杨修的故事：此公"目视十行书"，将曹操写的一部讲兵法的《孟德新书》，看了一遍，竟然立刻记住，从头到尾背诵一遍，"并无一字差错"。他谎称此书是战国时无名氏所作，蜀中三尺小童皆能背诵，致使曹操疑心这部尚未出版的著作与古人暗合，为免剽窃嫌疑，遂下令将《孟德新书》付之一炬。奸诈如曹阿瞒，竟上了张松的大当，使《孟德新书》从此失传，太可惜了；但曹操严肃的写作态度，堪称文坛楷模，对比之下，那些文抄公真该愧死矣。

中华自古多奇士。在现实生活中，像张松那样的具有惊人的记忆力者，大有人在。例如唐代著名的天文律法专家僧一行，有次唐玄宗召见他，问："师何能？"一行答道："唯善记览。"玄宗便将一本宫人名录给他看，一行览毕，"记念精熟，如素所习"，背诵数页后，玄宗佩服之至，"不觉降御榻为之作礼，呼为圣人"。（段成式：《酉阳杂俎》前集卷5）宋代的赵元考，博闻强记，被世人誉为"著脚书楼"。某次，几位同僚谈论药方，有一味药不知出处，问赵元考，元考马上告诉他们在《本草》"几卷附某药下，在第几页第几行"，大家索书"检之果验"。而宋代的尹少稷、肃王、沈元用，均可与赵元考媲美。尹少稷一天能背诵一本书，沈元用与肃王在燕山愍忠寺，见到一块唐人碑刻，凡二千余言，回到旅舍后，元用取纸追录，忘掉的阙之，也不过仅阙十四字；肃王阅后，"即举笔尽补其所缺，无遗者，又改元用谬误四五处"。（朱弁：《曲洧旧闻》卷2）明朝万历年间的福建人林志，记忆力之强，同样令人称奇。某次，林志外出，在一家染坊避雨，无所事事，看到账簿，便漫不经心地翻了一遍，天晴后，匆匆而去。不料两天后，这家染坊遭回禄，房舍账簿等皆化为灰烬。登门讨账的人蜂拥而至，染坊主人一筹莫展。巧的是，林志又经过这里，见状，便说：我记得你家的账簿。"取笔疾录，不爽一字"。（谢肇淛：《五杂俎》卷6）不难想见，倘若没有林志，染坊的账可就真的成了一笔糊涂账，乱成一团了。

当然，有非常好的记忆力，不等于事业上就一定有大的建树，有的人记忆力好，是与生俱来，可谓天资。但也有一些人，经过后天的刻苦训练，才形成了超常的记忆力。近来被评为"中国十大杰出青年"之一的哈尔滨电信局话务员勾艳玲女士，竟能背出一万多个电话号码，人称"活的电话簿"，名字载入《吉尼斯世界纪录大全》。她能记住这么多的电话号码，完全是成年累月不断记忆、不断背诵的结果。可见"只要功夫深，铁杵磨成针"，即使那些记性不好的人，经过刻苦学习、磨炼，在事业上也是能做出辉煌成就的。美国的发明大王爱迪生，记性并不好；恐怕不会有更好的例子，比这位大科学家更能说明这个问题了。尽人皆知的孟子的名言"天将降大任于斯人也，必先苦其心志，劳其筋骨……"云云，应当是我们永远遵奉的座右铭。

塾师的辛酸

　　　　一群村学生，长长短短，有如傀儡之形；数个顽皮子，吱吱哇哇，都似蛤蟆之叫。打的打，跪的跪，哭啼啼，一般阎王拷小鬼。走的走，来的来，乱嚷嚷，六个恶贼闹弥陀。吃饭迟延，假说爹娘叫我做事；出恭频数，都云肚腹近日有灾。若到重阳，采两朵黄花供师母；如逢寒食，偷几个团子奉先生……

现在的年轻一代，恐怕对塾师是很陌生的了。虽说余生也晚，入籍地球是民国二十六年，其时国民小学已相当普及。但在穷乡僻壤，家塾、私塾仍然为数不少。犹忆儿时见村民用红纸写上五个大字，供在正屋中，问是何字？答曰"天地君亲师"。又问"君亲师"何义？一老者告我：师即私塾先生。可见在田夫野老心目中，塾师的形象是崇高的。不才所居村中，刚好有位塾师，留着长须，不苟言笑，与村民往来极少，兼之他又是寒族的族长，人们对他都颇敬畏，因此童年时非常淘气的我，却从来不敢走进他家因并不富裕而开在土墙上的大门，更不用说去参观其给门徒授课之所在了。有时，我坐在小河边出神，想象伟大的孔夫子的圣颜，也许就与这位塾师并兼任族长的老人家的模样差不多。

今日临窗握管凝思，不禁为童年时幼稚的想象，哑然失笑。但是，从某种意义上说，我在童年时所感知的塾师，实在也是古今塾师的缩影；稽诸史籍，从宋朝直至近代，塾师不仅一脉相承，待遇、地位、授课内容、门徒状况等，大体上倒真是差不多。

因陋就简的教学环境

私塾、家塾，是有区别的。简言之，弟子从塾，是为私塾，而师从子弟，则当为家塾。显然，若非权贵与富室，是不可能设家塾的。因此，家塾为数甚少，《牡丹亭》中的杜丽娘、《红楼梦》中的林黛玉，这两位多愁善感的千金小姐，因都出身官宦人家，才得以在家塾中上学。而广大的百姓子弟，都是在私塾中受教育的。多数私塾都很简陋，乡间最差的私塾，我们从"漆黑茅柴屋半间，猪窝牛圈浴锅连"（清·袁枚：《随园诗话》卷8）的诗句中，不难想见其寒碜状。

教学环境如此窘迫，教学对象又如何呢？一般说来，儿童均较顽皮，以至时下口语中，仍有"学生、猴子、羊；家有三担粮，不教猢狲王"的说法。此说由来已久，明朝即已流行"我若有道路，不做猢狲王"语，而据郎瑛老先生考证，此"本秦桧之诗也。秦盖微时为童子师，仰束脩自给，故有'若得水田三百亩，这番不做猢狲王'"（《七修类稿》卷上，辩证类上）。明末杭州人周楫编的《西湖二集》卷三，描写有位叫甄龙友的塾师，某日"写了一张红纸，贴于门首道：'某日开学，经蒙俱授。'过了数日，果然招集得一群村学童，纷纷而来，但见'一群村学生，长长短短，有如傀儡之形；数个顽皮子，吱吱哇哇，都似蛤蟆之叫。打的打，跪的跪，哭啼啼，一般阎王拷小鬼。走的走，来的来，乱嚷嚷，六个恶贼闹弥陀（按：一种游戏名称）。吃饭迟延，假说爹娘叫我做事；出恭频数，都云肚腹近日有灾。若到重阳，采两朵黄花供师母；如逢寒食，偷几个团子（按：用糯米粉做的食品）奉先生。'"这将乡间私塾学生的顽皮而富有人情味，真是刻画得活龙活现。当然，这并不等于说，私塾是没有纪律、放任自流的。不少塾师，均很威严，教鞭与戒尺，对捣蛋鬼并不留情，尤其是戒尺在那些顽童手心开花的结果，对多数学生是具有镇慑作用的。因此，直至近代，四川、江苏把儿童入塾进学叫"穿牛鼻子""收骨头"，这是不难理解的。故明人剧本《双鱼记》描写私塾学生唱"光光乍"曲子谓："早晚嘴喳喳，读得眼睛花，今日先生出去耍，大家唱着光光乍。"（明·词隐先生编著：《南词新谱》卷1）你看，先生一走，学生如脱枷锁，是何等欢娱。不过，平心而论，要当好塾师，教好学生，殊非易事。明代嘉、万间著名作家朱载堉写的《醒世词》中，有首《教学难》谓："教学难，教学难，好将道义惹仇嫌。出入由人管，饥寒谁可怜。打他就说不读罢，不打又说师不严。"世情诡如云，人情深似海，某些塾师对待学生严了，固然会受到家长的指责。但略放松些，也会受到世人的嘲笑。陆游即写过《秋日郊居》诗，抱怨比邻的村学太吵闹了："儿童冬学闹比邻，据案愚儒却自珍。授罢村书闭门睡，终年不著面见人。"（《剑南诗稿》卷25）清初文人毛际可视塾师为玩物，将《嘲村学究》诗入灯谜，谓："身长九尺皓须眉，俯首长如持满时。村塾全然无约束，任儿携幼浴清池。"（见《檀几丛书》余集，卷上）

配合农耕情形的教学课程

私塾的教学内容，相当贫乏。以明代而论，万历以后，世人急功近利，将课程简单化，史载："涂抹《四书》，凡圈外注全涂抹，其正注《学》《庸》十涂一二，《论》《孟》十涂四六。嗟乎，若当二祖朝，此等人服上刑奚疑。所以然者，末世人不善教子，急于进取，故妄为简省而不顾。"（明·李乐：《见闻杂记》卷8）一般村塾，不过教授《百家姓》《千字文》《龙文鞭影》《四书》之类；而凡经书，则仅知片言只语，不解文义，全靠死背硬记，无怪乎有"读《中庸》，屁股打的鲜红"之说。清中叶海昌文人郭臣尧，曾有《村学》诗谓："一阵乌鸦噪晚风，诸徒齐逞好喉咙。赵钱孙李周吴郑，天地玄黄宇宙洪。《千字文》完翻《鉴略》，《百家姓》毕理《神童》。就中有个超群者，一日三行读《大》《中》。"（《两般秋雨庵随笔》卷4）这对古代私塾所学课程，是颇形象、幽默的概括。很多私塾并非日日上课，村塾适应农村耕作情形，农忙时放假。清道光时上海学者胡式钰谓："今村塾中农家童竖，什什伍伍，成群聚读，每至四五月、八九月耕获忙时，往往在家守望门户。"（《窦存》卷3）其实，又岂止守望门户？家境贫寒者，自小即随父兄田间耕作。笔者儿时虽发蒙即读的小学，但三夏、三秋大忙季节，学校秉承私塾遗风，即放假半月，从拾穗始，渐次插秧、割稻、挑谷担等，无所不为矣。尤忆民国三十四年，家乡先旱后淹，笔者时年方九岁，即与兄嫂踩水车排水，烈日下汗淋如雨，暴晒数日，身上即脱了一层皮，宛如蛇蜕。回首当年，仿佛昨日事，令我感喟不已。

塾师的文化水平，固然参差不齐，间亦有才华横溢、学富五车者在。但多数人甚平平，甚至有些人不仅迂腐，而且错别字连天，此辈授徒，只能是谬种流传，误人子弟。明代嘉靖时田汝成辑撰《西湖游览志余》卷25载谓："曹元宠《题村学图》云：'此老方扪虫，众雏争附火，想当训诲间，都都平丈我。'语虽调笑，而曲尽社师之状。杭谚言：社师读《论语》'郁郁乎文哉'，讹为'都都平丈我'。委巷之童，习而不悟。一日，宿儒到社中，为正其讹，学童皆骇散。诗人为之语曰：'都都平丈我，学生满堂坐。郁郁乎文哉，学生都不来。'曹诗尽取此也。"读来令人发噱。当然，这是极个别的典型例子，倘若多数塾师水平都如此庸劣，恐怕私塾也就早关门大吉了。西哲黑格尔有言：人与人相差，甚于人与猿之差。塾师人数众多，免不了有怪杰，教学方法与常人迥异。清代嘉庆年间的南京塾师胡心斋先生，"生平不吸烟、不饮酒，而独健饭，每餐必四碗，尝论诸弟子曰：汝曹有志读书，必先学扩充饭量，能吃得，方能读得。昔卢抱经先生从学于桑弢甫先生，先生有学约曰：放开肚皮吃饭，打起精神读书。来学者每餐不能吃四五碗饭者不纳。"（清·甘熙：《白下琐言》卷9）不过，用这种奇特方法培养出来的学生，除了《抱经堂文集》的著者卢文弨外，余者恐多为饭桶而已；也许，这是不才"以小人之心，度君子之腹"也。

塾师的辛茹令人心酸

塾师的待遇很低，过着清苦、寂寞的生活。明中叶江南太仓有位叫沈质的塾师，家徒四壁，一夕寒不成寐，穿窬者穿其壁。沈质知之，口占云："风寒月黑夜迢迢，辜负劳心此一遭。只有破书三四束，也堪将去教儿曹。"穿壁者一笑而去。（明·陆容撰《菽园杂记》卷2）看来，沈质家除了几本破书外，别无其他值钱之物。而明代嘉靖年间江南一位姓王的塾师所作近千字的长诗《屈屈歌》，则写尽了塾师的辛茹："屈屈复屈屈，仰天难诉乖造物……初心只说教书好，谁知教书无了期……今年已去复明年，寒毡冷凳俱坐穿。寂寞一饭小窗下，冷落三杯孤灯前……先生虽读万卷书，一字不堪疗饥腹。物薄礼微为束脩，受他便作无罪囚……高堂白发缺甘旨，贫贱糟糠歌炭廖。白云满目雁南飞，落日青山啼子规……"（明·余永麟著：《北窗琐语》）教书先生竟成了"无罪囚"，这是多么令人心酸。晚明"厚嫁女而薄延塾师"（明·薛冈《天爵堂笔余》卷3），成为一些地方的社会风气，塾师的命运也就更加可想而知了。

　　从宋历明清乃至近代，私塾如此简陋，教学如此浅鄙，塾师水平如此低下，其待遇及社会地位又是如此之低，我国基础教育的水准，欲提高又安可得乎？明乎此，近三百年来，较诸西方，我国日益落后，也就不是偶然的了。

台湾《中央日报》1991年8月8日"长河"版

附文：

塾师与我

辜海澄

8月8日《长河》有一篇村予先生的谈塾师辛酸的文章，虽然村予先生说自己没有在家塾或私塾上过学，但他根据古籍，把塾师所处的环境，所受的待遇，以及教学的情形，说得非常透彻，的确是一篇难得的好文章。

我比村予先生虚长几岁，曾经在私塾念过书，虽然时间不长，但在我的记忆里，印象却是极其深刻的。

我的私塾老师是刘卓如先生，他有个外号叫刘捐班儿。清朝时，对那些不是正途出身，而是花钱买官做的人，别人就说他是"捐班儿"，这称呼是含有轻蔑意味的。刘先生是不是在清朝时买过官做，我不清楚，反正学生们背地里都这样称呼他。前年我返乡探亲时，我堂弟告诉我，他也在刘先生那儿念过书。他把刘先生仍然叫做"刘捐班儿"，如果不是小孩们都在面前，我真要骂他："都当祖父的人了，怎么对先生的称呼这么没有礼貌！"

我小时候，常听老人们说："穷不习武，富不教书。"因为习武，既要时间，也要金钱，穷光蛋吃饭要紧，当然不会饿着肚皮去舞枪弄棒。至于"富不教书"，现在看来固然不对，但是用这句话来看当时的刘卓如先生，却百分之百正确。

尽管从外表上看，刘先生常年穿着一件毛蓝布旧长袍、青马褂，一顶瓜皮帽，一副老花眼镜，再加上即使在街上行走时，手里也离不了的铜水烟袋，斯斯文文的，不像穷人。其实，刘先生同刘师母两位老人，没有儿女，也没有产业，房子是租来的。那年头，没有所谓社会救济这一类的机构，老两口仅靠刘先生赚的微薄束脩过日子，凄凉晚景，可以想见！

我受教于刘卓如先生，一共有两次。第一次是民国二十五年，我刚从基督教的私立美道初级小学毕业，便同邻居孩子，去黄家祠从刘先生读私塾。我这辈海澄的"澄"字，本来是成功的"成"，刘先生认为不好，入学的第一天，就把它改为澄清的"澄"，我也就一直沿用到现在。

当时，别的孩子都在读《三字经》《百家姓》，或《四书五经》之类的书，我母亲不识字，竟替我买了一本《古文评注》。虽然我仅是十岁左右的孩子，刘先生却认为既然是初小毕业，程度应该不错，所以不说什么，就开始从《郑伯克段于鄢》教我。他念一句，我跟一句。念不到二十句，停下来，再从头念。三遍过后，他用一张折成四叠的白纸，写上月日及进度，放在书里面，要我回座位，自己念，准备明天"背熟书"后再往下教。到我考入中心小学高级部离开时，一共选读了三四篇文章；都是背诵，没有讲解。

这一次的时间虽然短短不到两个月，但对我的影响却很大。除前述把我名字中的"成"字改为"澄"字，另外则是当时刘先生于每天下午放学之前，要对一些程度比较好的大孩子讲《东周列国志》，我喜欢听故事，也就混在那些大孩子里面，每天听。从此以后，引起了我对小说的兴趣，不仅要母亲买给我，而且凡是遇及熟人家中有小说的，不管是历史章回小说，或武侠小说，我都死缠着借来看，以后连《夜雨秋灯录》《夜谭随录》《子不语》

等，我也读得津津有味，虽然书中的内容我并不十分明白。

第二次受教于刘卓如先生，在高小毕业后，地点在县城中心区的闵家祠。这次，全县城里除刘先生的私塾馆外，其他所有私塾都已关门大吉。所以，到闵家祠来读书的人，虽然不到二十个，却来自县城里的每个角落。另外，这次的学生中，还有两位二十多岁的已婚妇女。一位是离我叔父家不远，开酒馆的熊麻子熊二哥的老婆，读书的目的是认识字后，好帮酒馆记账。另一位则是丈夫当兵出川抗战，读书的目的，是为了识字，给丈夫通信比较方便。

说到这位抗战家属，我想起一件事。有一次，她请刘先生替她给丈夫写信，信怎么写的，我不知道，但信中附了这样一首五言绝句诗："去时儿女悲，归来笳鼓竞；借问路旁人，谁如霍去病？"因为刘先生曾得意洋洋地向我们朗诵并讲解，所以我记得很清楚。至于这诗是不是刘先生自己作的，或者抄别人的，他没有说，我不晓得。

在闵家祠，我读的仅是一些像《五字纲鉴》《幼学琼林故事》之类的所谓"杂志书"，但这时候，刘卓如先生要我们几个比较大一些的孩子（我那时十三岁），读一种补充教材。他首先要我们自己用白纸装订成一本书一样的簿子，在每一页写上四个同音的大字，每个大字下用小字写出解释。他教过的同音字是七言诗句，有"圣贤道理人尊重，一堂学生讲究同……"等二三十句。比如圣字，他写的四个同音字是：圣、胜、剩、乘。在圣字下的小字是："圣者，圣人也，大而化之之谓也……"贤字的同音字是：贤、闲、闲、娴。小字解释当然也是之乎者也的文言文。他仍然只要我们熟背，不讲解。

但是，不久后，刘先生突然宣称要开讲了。他讲的是《孟子》。虽然我还没有读过《大学》《中庸》和《论语》，偏刘先生认为我已经高小毕业，要我也参加。

　　有一天，当刘卓如先生讲到《梁惠王》篇"齐桓晋文之事可得闻乎"这一章时，内中有"王请度之"这么一句，他讲的时候，我一时没有注意，过后才发现我不懂"度"字的意义。拿去问他，他听完我的来意，立刻用教鞭在我头上狠狠揍了一下，同时说："度字都不懂，度是一个'物件儿'。"是个什么"物件儿"，除了扭头逃跑之外，我没有敢再问下去。

　　正因为刘先生常对孩子们"横加夏楚"，所以，他教过的学生，很少对他有好印象的。除前述我堂弟至今仍然叫他"刘捐班儿"外，我又曾碰到另外一位。他向我说："我们在刘捐班儿那里同过学。"尽管我已经不认识他，说出名字也不记得，但凭"刘捐班儿"这几个字，我不得不承认，有过这么一位老同学。

台湾《中央日报》1991年9月17日"长河"版

　　春瑜按：很感谢辜海澄先生写的这篇回应文章，他以切身体会，将三十年代塾师的情景，生动地展现在我们的面前。

抢新郎喽！

十个绣女要一个寡妇押送

我国地方戏中，有两出戏叫《拉郎配》《乔老爷上轿》，后者还在三十年前改编成电影，由著名喜剧影星韩非主演，轰动一时。两出戏的故事情节大同小异，都是说明朝抢新郎的故事；波澜迭起，妙趣横生，观众笑声不绝，曲终人散，无不春风满面。

抢新郎的故事，在明人小说中，有所描述。如凌濛初《初刻拍案惊奇》卷十《韩秀才乘乱聘娇妻》写道："嘉靖登基，年方十五岁，妙选良家子女，充实掖庭。朝廷要到各处点绣女，愚民相信，一时间嫁女儿，讨媳妇，慌慌张张，不成体统。最可笑还传说十个绣女要一个寡妇押送，赶的那七老八十的，都起身嫁人。但见十三四的男儿，讨着二十四五的女子，十二三的女子，嫁着三四十的男儿。"又如明清之际的小说《生剪绡》第八回谓："天启传旨，遍选宫人，以成大婚盛典。江南一带，部文未到，婚的婚，嫁的嫁，含香豆蔻，一霎时都做了病蕊残花。"这些描绘，勾画出明代选秀虐政导致的民间惊恐状，今人视之，未免好笑。

上述小说的描写，并非向壁虚构，凿空之谈。其实，历史文献的记载，对抢新郎现象的由来、民间的沸沸扬扬、鸡飞狗跳，悲喜剧交织、社会动荡，比小说更具体，更深刻，读来真让人感慨不已。清代著名史学家赵翼指出："明祖之制，凡王子亲王之后、妃、宫嫔，慎选良家女为之，进者弗受，故妃后多采之民间……故每新君登极，有选秀女之谣。"明中叶后，不少帝王荒淫无度，选秀不断，民间风闻后，不管消息真假，立刻奔走相告，乱成一团。明人的《崔鸣吾纪事》载谓："隆庆戊辰（公元1568年）春正月，民间相传上遣内官某选浙直美女入御，无问官吏军民之家，敢有隐匿不赴选者，罪；邻里知而不举首者，同罪。于是有女者急于求售，年资长幼，家世贵贱，皆所不论。自京口（今镇江市）至苏、松、嘉、湖诸郡旬日间无分妍媸，婚配殆尽……是举也，受聘之女，不及成礼而婚，在贫者亦称便。至未尝许聘者，往往配匪其伦，终身怨怼，悔靡及焉。"所谓"不及成礼而婚，在贫者亦称便"，对于无钱办婚礼或嫁妆者，草草了却心头事，从此花月两相随，也许不失为是一幕喜剧；但不分美丑、年龄大小，仓促结下秦晋之好的结果，是好不了多久的，多数成为悲剧。尤其是随便拉一个新郎，几乎与抢无异，盲目匹配，哪里有良辰美景，蜜意绸缪可言？

锡工夜娶富家女

时人田艺蘅记载："一富家偶雇一锡工在家造镴器，至夜半，有女不得其配，又不敢出门择人，乃呼锡工曰'急起！急起！可成亲也。'锡工睡梦中茫然无知，及起而摹搓两眼，则堂前灯烛辉煌，主翁之女已艳装待聘矣，大出不意。"田氏还讲而记述："千里鼎沸，无问大小、长幼、美恶、贫富，以出门得偶郎为大幸，虽山谷村落之僻，士大夫诗礼之家，亦皆不免。"你看，"以出门得偶郎为大幸"，结果只能是一个：得不到便抢；而抢到的，往往只能是"捡起黄瓜当拐杖"，滥竽充数，事过境迁，肯定悔之晚矣。关于抢新郎，明清之际的吴履震，记载得更直白："隆庆二年戊辰春正月，民间讹传……索江南女子入宫……男女婚定者，自九岁以上忙促嫁娶，未婚室者出其子女于通衢，任当婚者掠娶，贫贱不计焉。""掠娶"二字，分明地告诉我们，当时的抢新郎之风，已闹到了何等严重的地步。

天启年间的"拉郎配"之风，比起隆庆年间，有过之而无不及。崇祯时的叶绍袁载谓："天启元年（公元1621年）……二月间苏城讹传点选淑女，凡民家处女自十岁以上者，争先择配……举国若狂，殊可骇可笑。后以所配多非其人，有致讼致死者。"

明朝灭亡后，作为一种不肯散去的历史阴魂，"拉郎配"又拉到了南明弘光小朝廷、大清王朝。人称"虾蟆天子"的福王朱由崧，在江南的残山剩水间，唯以荒淫为能事，"中使四出搜巷，凡有女之家，黄纸贴额，持之而去，闾井骚然。"在嘉兴、绍兴等地，民间闻讯后，"嫁娶几尽，久未竣。"顺治四年（公元1647年），江南讹传选女入宫，有女家惊惶失措，年幼婚配，朝说暮成，有诗云："一封丹诏未为真，三杯淡酒便成亲。夜来月明楼头望，只有嫦娥未嫁人。"

此风一直吹到江北，使小民惶惶不可终日。数年前，与盐城友人周梦庄老前辈聊天，他告诉我道光时邑人陶性坚编的《射州文存》，载有盐城"拉郎配"史料。不才后来翻检此书，果然看到这条记载：有位陶老夫子，听到采选之谣，赶紧觅婿嫁女，"遍视各塾子弟"，最后找了一位比他家小姐小四岁的宋公子成亲，与清初著名遗民、书法家宋曹成为儿女亲家。盐城乃海隅穷邑，颇闭塞，竟也受到影响，他处可想而知。其后，康熙三十一年、三十八年，都发生过类似事件，民间昏昏然，与往昔无异。

故国三千里　深宫二十年

也许有读者要问：民间何以对选秀怕到这种程度？倘被选入宫，岂不是进了人间神仙府，在帝王家锦衣玉食，享尽洪福？事实上，明朝隆庆年间的陆君相先生，一方面，他能众醉独醒，不信流言，不肯将女儿匆匆随便嫁人。另一方面，又说："万一吾女与选，何福胜哉！吾当亲送入宫耳。"从此话看来，此公仍未免天真，对紫禁城内妃子、宫女的命运，缺乏了解。"故国三千里，深宫二十年。一声河满子，双泪落君前。"这首著名的唐诗《河满子》，道尽了在插翅难飞的宫墙内，嫔妃、宫女的不幸与哀怨。在森严的封建等级制下，头上闪耀着君权神授光环的皇帝，随时可以废黜、处死妃子，视宫女为奴隶。明朝直到成化以前，宫女还要在皇帝死后殉葬。老了，仍不准出宫，送到浣衣局去，一旦归天，则草草火化，骨灰抛到荒郊野外的"宫人斜"的旱井中，真是命同草芥。浙江乌程的一位沈小姐，"入宫为女官"，在所作宫怨诗中写道："一自承恩入帝畿，难将寸草报春晖。……银烛烧残空有泪，玉钗敲断恨无归。"其寂寞、凄清，可见一斑。也唯其如此，有的宫女竟不惜冒死尝试逃出宫外。万历年间有位叫卢天寿的宫女，就曾经在一位太监的帮助下，女扮男装，腰悬出入宫门的凭证牙牌，侥幸逃出宫，但出城后，仍被发现、抓回。同时，我们还必须看到，选秀时贪官污吏借机向百姓敲榨，鱼肉乡里，这也是小民畏如虎狼、更形惊恐的一个重要原因。万历时的大学士沈一贯，在《观选淑女》诗中，悲愤地揭露道："……如何天阙觅好逑，翻成凌乱奔榛丘？吏符登门如系仇，斧柱破壁怒不休。父母长跪兄嫂哭，愿奉千金从吏赎。纷纷宝马与香车，道傍洒泪成长渠。人间天上隔星汉，天上岂是神仙居。吁嗟，天上岂是神仙居！"倘若没有这些深刻的历史原因及社会背景，我们真要怀疑明清时的先民，是否神经有贵恙了。

在历史上，为抢新郎现象唱赞歌者，也大有人在。清初文人叶梦珠的言论，最为典型："婚嫁者因此尽削繁文，亦便民之事。故当事者不禁，亦圣人从俭之意也。"不可否认，在抢新郎的特殊期间，匆忙嫁娶，对传统婚礼的繁文缛节是一种冲击，咸称方便；也有少数穷汉，侥幸请到温柔乡，一枕巫山梦，堪称是喜剧。但是，此皆不得已而为之，从总体看，这种风波违背人性，破坏文化传统，实在是个悲剧。而由此引起的物价飞涨，特别是"鱼肉果品之类，一时腾贵，十倍于年日"，时人曾惊呼："使物价常常如此，人何以堪乎！"结果，倒霉的还是蚩蚩小民。

死水微澜不断

走笔至此，忽然想起十年动乱期间的一件事。家姊所在的上海某化工厂，有女青年某，长相出众，其男友亦在工厂工作。林彪之子林立果在全国选秀时，该女青年被选中，其男友立即被逮捕，厂方执事问何罪？有司答曰："此人犯下恶毒攻击无产阶级司令部的滔天罪行，防扩散，不必问。"所幸女青年在昆山伺机逃逸，男青年亦在林彪父子折戟沉沙后，释放宁家。我常想，倘若林彪父子夺权成功，并正式登基，"拉郎配"的悲剧，肯定会在神州大地上重演。因为，只要有死水在，就一定会泛起黑色的微澜。

哀张宅

初夏时节一个晴朗的日子，我来到古城荆州，寻找张居正故居。在莺飞草长的江南三月，我曾在上海听原籍荆州的著名学者王元化先生说，张居正故居"只剩下一点点了"。作为明史学者，这"一点点"始终在我的心目中占有重要位置，总想亲眼看见，从这一"点"开始，把四百多年的历史沧桑、沉痛教训，"今古何妨一线牵"。荆州城不大，经向路人打听，很快便找到了"张居正街"。此街长约二百米，东端连接崇楼竣阁的东门门楼。大街两侧，商店林立，近在咫尺的东门派出所，新建的门楼古色古香，装饰华丽，大屋顶的高大建筑，更有"鹤立鸡群"的豪宅气象。可是，当年张居正的豪宅又在哪里？早已被深埋在历史的烟尘之中！在街上一家早点铺的右边墙上，有一块简陋到寒碜地步的小碑，上书"张居正故里"，落款是"江陵县人民政府一九九一年七月立"。热心的早点铺女主人，把我让进屋内，指着似乎老掉牙的两扇门及一条横梁说：这就是张居正老屋的大门，水井也是张家的原物。我想，这也许是张宅的残物，但绝对不是张宅大门。她哪里知道：当初这整个一条街，都是明朝藩王辽王朱宪㸅的王府，朱宪㸅垮台后，张居正家属搬进去，成了张宅。不幸的是，曾几何时，"眼看你进豪宅，眼看你宴宾客，眼看你抄家了！"……我拿起照相机、摄像机，在这"只剩下一点点"的张居正故居前凭吊，历史的潮水在我心中翻滚——呵，江陵（荆州又称江陵），江陵，真个是"江声八千里，心绪满天涯"，感慨万千，悲从中来。

　　遥想洪武年间，明太祖朱元璋的第十五个儿子朱植，先封卫王，后改封辽王，不久又移国湖广荆州府，建造了恢宏、豪华的王府，除了京师紫禁城，就要数辽王府之类的藩王府最为气派了。辽王日日锦衣玉食，笙歌鼎沸。几度风雨，几度春秋，传位至嘉靖十九年（公元1540年），朱宪㸅继位。此人的荒淫暴虐，堪称是人头畜鸣之最，居然"淫乱从姑及叔祖等妾，逼奸妇女，或生置棺中烧死，或手刃剐其臂肉……用炮烙剥等非刑剜人目、炙人面、煇人耳……"（徐学聚：《国朝典汇》卷13）多行不义必自毙，隆庆二年（公元1568年）经巡按御史陈省劾其罪，并由刑部侍郎洪朝选往勘核实，辽王终于被废，全家人也按例被撵出王府。这时的张居正，虽是内阁成员，但还不是首辅——也就是第一把手（相当于宰相、总理之职），可是，到了隆庆六年（公元1572年），穆宗驾崩，经过一番激烈的权力斗争，张居正取高拱而代之，成了内阁首辅后，这位位极人臣、手中握有极大权力的人，难免时时想起故园，想起原本只有数十亩田、几间房的老家，想起年迈的双亲。不久，他公然让老家的亲属搬进辽王府去住，一家人无异于一个筋斗翻到云端里，那是多么的舒坦、气派、荣耀！从此张府车水马龙，官员、乡绅来拍马、交结、行贿者，实繁有徒。正是在这所大宅里，张居正从京中赶回，为老父送终，沿途及抵江陵后，威风八面，简直有地动山摇之势。但是，张居正万万没有想到，这所王府后来竟成了他的政治坟墓！

此刻，我仿佛看到四百一十六年前，张居正死后，万历皇帝立刻翻脸，给他扣上种种政治大帽子的情景，而其中很重要的一项，就是"诬蔑亲藩"、私占王府，而后者更是僭越之罪，被认为是冒天下之大不韪；我更仿佛看到张宅被封门后，一家人被分别隔离，严刑逼供，居正子敬修凄厉呼号不已，终于悬梁自尽，其妻用剪刀自刎，幸被侍婢夺下，但一目已被戳瞎，血流如注；年逾七旬的居正老母赵氏，眼睁睁地看着被饿疯了的狗，将她的小孙子活活咬死吞食（《江陵县志》卷36）。这是多么惊心动魄、惨绝人寰的一幕！

是的，张居正即使不让家人搬进辽王府，他也难逃万历皇帝的劫数。但是，如果他作为明朝的著名改革家，在反对沐朝弼、朱宪㸅之流腐败的同时，能够严操守，不贪不占，不住进王府，反对改革的人，不是少了一个打倒他的突破口，至少也是少了一大罪状吗？衣、食、住、行总是紧密相连的。他在北京买了大量房产，行贿、受贿，生活糜烂，死后抄家的财富折金银近20万两，另有良田八万余顷。呜呼，他在京中的官邸也好，老家的王府也好，分明都成了见不得阳光的黑屋，其中包含的经验教训，是非常深刻的。古往今来，没有一个自身腐败的改革家，能够坚持反腐败的斗争，把改革事业进行到底；而且，正是由于其自身的腐败，往往导致改革失败，甚至招来杀身、毁家之祸！

崇祯十三年（公元1640年），大明王朝已经是风雨飘摇，张居正获得彻底平反，将故宅改为祠堂；但这种亡羊补牢之举，丝毫也改变不了明王朝动乱四起，走向灭亡的命运。到了清初，偌大的张宅，一部分已经荒芜，鞠为茂草，一部分成为衙门。时人曾作《拜江陵张文忠祠》诗，曰："袍像俨然故笏残，入门人自肃衣冠。半生忧国眉犹锁，一诏旌忠骨已寒。恩怨尽时方论定，封疆危日见才难。眼前国士君知否？拜起犹疑拭目看。"（叶廷琯：《鸥陂渔话》卷4）倘若张宅犹在，我也会入门虔诚肃衣冠，向我国古代杰出的改革家、一条鞭法的推行者张居正袍像三鞠躬的。可是，眼前张宅被早点铺、餐厅、药店、百货店、派出所……以及叫卖声、录音机里传出的三流歌星吵死人、烦死人的噪音所包围、埋葬的

"剩下的那一点点"，除了让人感叹历史的丛残、无情，还有什么呢? 倘要默悼，也只能是:

张文忠公, 呜呼哀哉!

6月22日于老牛堂

哀张墓

　　张墓者,明代著名改革家、一条鞭法推行者、曾任内阁首辅的张居正坟墓也。万历十年(1582年)六月二十日,久病的张居正撒手人寰,此时的万历皇帝,清洗张居正的部署尚未就绪,故仍煞有其事地赠张居正"上柱国,谥文忠,命四品京卿、锦衣堂上官、司礼太监护丧归葬"(《明史·张居正传》)。当时安葬的详情,已不可考。按照张居正不是宰相胜似宰相的政治地位,坟前应当有石人、石马,以示尊荣。

　　然而,张居正虽入土而不能安。仅仅九个月后,万历皇帝一翻脸,便掀起一场"皇"色风暴,把张居正的功劳一笔勾销,使其推行的改革付诸东流。革除功名、抄家封门、充军边疆等疯狂的政治迫害,接踵而至,万历皇帝还冠冕堂皇地说,"当剖棺戮尸而姑免之"。(同上)张居正的墓,总算保存下来。令人惊诧的是,天启元年(1621年),张居正墓"忽有白气如云烟,三日方散"(续修《江陵县志》卷26)。莫非是张居正的冤气所结?不可知也。所幸第二年,在邹元标等朝中有识之士的一再大声疾呼下，天启皇帝"诏复故官，予葬祭"。也许这以后，张居正墓才得以维修并扩建，包括墓门、石马、翁仲之类。但是，张居正的平反昭雪，包括被株连的亲属恢复名誉及待遇，却经历了崇祯三年（1630年）到十三年的漫长过程。等到朝廷上下，认识到张居正功不可没，"百庸相，不如一救时之相"，"封疆危日见才难"，想通过召唤张居正的英灵，来激励官民，挽救"山雨欲来风满楼"、危机四伏的明王朝，已经太晚了！清代诗人施山《张文忠墓》谓："茅屋犹存世代殊，辽宫钟鼓叹谁居。恩流天下蠲租日，祸伏经筵侍读初。扶翼朝廷原不忝，衡量功过果何如？今看石马松涛下，郁勃斜阳怒有余。"（续修《江陵县志》卷60）面对张居正墓的石马松涛，悲愤的诗人，除了感叹历史的无奈外，夫复何言！

但是，让我更感到悲愤的是，5月26日，我专程去凭吊张居正墓，眼前除了一个圆形的封土、一块连生卒年都没有，更遑论生平简历的"张文忠公之墓"的墓碑外，再无他物。正在墓旁农田里耕作的一位七十五岁的张姓老者告诉我：1966年，他亲眼看到村里一些年轻人，挖开张居正墓，打开棺材，原以为能捞到金银珠宝，却一无所获（张居正遗体上的玉带被文博部门取走），便将张居正的遗骸付之一炬，棺材板则被改制成水桶、农具，墓地上的所有建筑，全被破坏。现在的封堆、墓碑，都是早几年重建的假古董。呜呼！四百多年前的"皇"色风暴为害至烈。哀哉张居正墓！但这又岂止是张居正个人的悲哀？这是中国改革史上悲凉的一页。揭示这场大悲剧的成因、共性，警示后人，显然是必要的。愿张居正的悲剧不再重演。

叁

鸡窗笔

打虎英雄谱

　　常言道：谈虎色变。这是因为，虎乃百兽之王，凶猛异常。唯其如此，前人苏伯衡《志杀虎》有谓："虎于毛虫中最暴戾，人闻谈虎，且犹胆掉畏之，而况敢撄之乎？"但是，在我们中华民族的历史上，却有不少不怕虎、敢伏虎的英雄；他们的业绩，甚至比起《水浒》精心刻画的艺术典型打虎英雄武松，有过之而无不及。

　　封建社会的官吏，常常因贪赃枉法，为百姓所不齿。但是，并非"天下乌鸦一般黑"，也有带头杀虎的"父母官"。宋代的顺阳县令孔昉，某日得知有一只猛虎来城南，当即亲自率领吏卒去打虎，并身先士卒，走在队伍的最前面。老虎见状，踞山大吼，吏卒多数皆闻声丧胆，丢掉武器，趴在地上，虎遂朝孔昉扑来；在这紧要关头，有一小吏挺身而出，不幸被虎衔去，孔昉手持猎户毒箭，奋力逐虎，身边的人都说这太危险了，孔昉却正色道："彼代我死，我何忍不救之？"结果"逐虎入山十余里，竟射中虎，夺小吏而还，小吏亦不死。"（司马光：《涑水纪闻》卷14）如此英勇、仗义的县令，所有残民以逞者流，在他的面前，真该愧死矣！

武松打死的不过是一只老虎，黑旋风李逵在沂岭杀四虎，其中两只是爪无缚鸡之力的小老虎，实在是滥杀无辜，倘在今日，肯定是要以伤害小动物罪绳之以法的。而在元代，却出了一位一生打死过数十只虎的英雄张兴祖，被人冠以"杀虎张"的美名。他是中山无极人，至正十九年（1359），因军功被授以真定新军万户。今日民间口语有谓"老虎头上扑苍蝇""斗胆捋虎须"，都是形容胆大妄为的鲁莽行径。但是，这位"杀虎张"却确实拔过虎须。一天，他遇虎，一箭便将虎射倒。他对随行的人说："吾闻生虎之髭剔齿疾，可已风"，便伸手去拔虎髭，虎大怒，爪子将张兴祖的鞋也抓破了，所幸此虎毕竟已受伤，强爪之末，不能伤兴祖之足也。（陶宗仪：《南村辍耕录》卷2）

更难能可贵的是，在我国古代打虎的队伍中，还出现了一位巾帼英雄，她就是明代万历年间今镇江市城南大树村村民刘松之妻徐氏。时人鄞县诗人沈明臣曾专门写了一首《大树村刘氏少妇打虎行》，讴歌其事："润州城南山簇簇，四月麦黄桑柘绿。大树村头刘氏居，短墙幽院参差屋。晓炊未罢日始高，卒地猛虎来咆哮。老小出门尽惊走，犬亦吠虎声嗷嗷。虎闻犬声急转步，一口毙之如搏兔。欲从虎口夺狗还，老妇抱孙逢虎怒。刘家少妇夺老姑，气猛视虎如匹雏。手提钢叉刺虎目，虎血溅面红模糊。昨从大树村前走，少妇涤场犹鬒首。弱体孱然花不如，徐家女子刘松妇。"（钱谦益：《列朝诗集》丁集卷9）你看，一个"弱体孱然"的农家少妇，在凶恶的猛虎面前，临危不惧，用钢叉刺进老虎的眼睛，这是何等的气概！

任何一个民族欲屹立于世界民族之林，其民族精神中必须充满阳刚之气。这在打虎英雄们的身上，正得到了充分的显示。他们堪称是中华民族的脊梁。文史界如果有人能将我国古往今来的打虎英雄的事迹，搜集成册，编一本《中华打虎英雄谱》，肯定是功德无量的。

不过，"萧条异代不同时"，今日之虎，已成珍稀动物，列为国家保护对象。明代诗人张羽有谓："行人莫讶深山虎，一入城中虎更多。"（《东田遗稿》卷上）此虎乃贪官污吏之代名词也。正是：俱往矣，打城中之虎，且看今朝！

江南虎踪梦里寻

"上有天堂，下有苏杭。"今天的江南人很难想象，也不过是几百年前，在这山温水软之地，时有老虎出没。

明代弘治初年，浙江仁和县闹虎灾，百姓惊恐不已，后经知县陈荣下令猎人捕获，才安定下来。但是，有人曾写诗讽刺道："虎告相公听我歌，相公比我食人多。"（《西湖游览志余》卷23）真是耐人寻味。其实，古往今来的贪官，不管是穿宽衫、长袍，还是穿干部服、西装，无一不是比食人虎更食人虎也。正德四年（1509年），上海也曾有虎食人。（《青浦县志》卷29）万历三十八年（1610年），常熟有虎渡江北来，被人追杀。（《鹿苑闲谈》）同一时期，镇江城南大树村出现老虎，被一位勇敢的刘家少妇用钢叉刺伤虎目，从而保护了家中老小及村民，为诗人所歌颂。（《列朝诗集》丁集卷9）崇祯四年（1631年）冬，今上海郊区外冈的金氏宅后竹园中，有黑虎藏匿，被乡民刺伤后，在茫茫大雾中逃去。（《外冈志》）次年，在松江亭林镇，也出现过老虎，被人视为神虎。(《五茸志逸》卷6）顺治十五年（1658年）四月，金山卫有白虎一只，闯进城内，咬死守城兵四人后，扬长而去。(《三冈识略》卷3）康熙初年，在常熟福山、娄县、松江城东、无锡山区，都先后出现过老虎。值得一提的是，娄县逮到的那只老虎是雌老虎，清初著名诗人杜濬作《猛虎行》(《变雅堂文集》），借题发挥、抨击娄县令孟道脉"性贪而昏"，是雄老虎，真乃一针见血。

月落乌啼，物换星移。曾几何时，江南的生态环境，早已今非昔比。山洼水曲、丛林榛莽间的老虎，绝迹敛声久矣。江南虎踪梦里寻。抖落历史的烟尘，凝神遐想，这恐怕有幸也有不幸。不知江南人以为然否？

壮哉，伏虎妇孺

虎，百兽之王，尖牙利爪，目光如炬，咆哮山林，声闻数里。因而有人谈虎色变，瑟瑟发抖。但是，历史上竟有少妇及少男少女，勇于伏虎，善于伏虎，他们的勇敢精神、聪敏才智，虽百代之下，都足令国人感佩。

清初有位处变不惊、巧妙伏虎的少女，令人称奇。她是陕西渭南县樗里人。有一天，她与其嫂在楼上煨芋头吃，把芋皮抛出窗外。她偶尔开窗，忽然看见有只显然是饿急了的老虎，吃完芋皮，又抬头等着。嫂子见状大惊，怕老虎跳上楼来，后果不堪设想，便尽量多煨芋皮，丢给虎吃。少女眼看芋皮快完了，就试着把整只芋头丢给老虎，老虎一口即吞下。她顿生一计：将铁锤烧得通红，用芋头皮包着，丢给老虎，老虎以为仍是芋头，张嘴吞下，马上跳走了。过了两天，村边发现死虎一只，爪子抓裂前胸，骨头都露出来了，可见吃下这铁"芋头"，让它吃了多大的苦头！（袁枚：《子不语》）

明代中叶一位聪明绝顶的少年，以妙法缚虎的事迹，更使人忍俊不禁。浙江象山县有位村童入山砍柴，偶然遇到一只侥幸从猎人所设陷阱中逃脱的老虎；此大虫气喘吁吁，颇感疲劳，见村童，便攫童坐身下。村童无意中手触虎阴，遂灵机一动，不断轻轻地按摩，"久之虎睡而鼾声出焉"。村童环顾左右，见身旁的树根上有个洞，便将捆柴用的绳子一头穿过树洞，缚牢，另一头则系于虎阴，然后尽力一挣，从虎身下爬起。虎被惊醒，立刻疼痛难忍，虽咆哮不止，而不能行半步矣。村童归语家人，众人先是一惊，便笑着去看，虎已死于树根。（郎瑛：《七修类稿》"奇谑类·系虎阴"）郎瑛老学究对此事的评论甚妙："予初闻之，不能掩口，深思为人呵卵而受害者亦众矣，岂独虎也哉？"这对世间喜马屁、嗜呵卵者，不啻当头棒喝！如此智取猛虎的少年，并非一个。清代绍兴西乡有条深溪，有个小孩在溪边游戏，忽见虎至，立即跳进水中，浮浮沉沉，一边游泳，一边观察老虎的动静。老虎蹲在岸上，"眈视良久，意甚躁急，涎流于吻。忽跃起扑儿，遂堕水中"（《子不语》），经过一番折腾，老虎数跳数堕，精疲力尽，遂被淹死。而此儿安然无恙，实在胆识过人。

常言道，"两军相逢勇者胜"。面对老虎，又何尝不是如此？康熙丁卯（1687年）以后，江南无锡山区，多有虎患。有司令猎户捕捉，无所获。过了五六年，猎户在石坞见虎卧草中，却不敢上前捕捉。碰巧有位叫沈二的少年，贩柴为业，正从这里走过，见状，立即操起一根木棍，扑向前去，猛击虎首。虎大吼，跳起咬少年左臂，少年又以右手托虎腮，用膝盖猛击其咽喉，得脱出左臂；猎人趁势一拥而上，将虎击毙。剥虎皮时，发现脑骨已被少年击伤。（黄卬：《锡金识小录》卷11）好个沈二，何其勇也！

壮哉，伏虎妇孺。对比之下，闻虎色变的七尺男儿，真该愧死矣。正是：

妇孺虽弱，见虎不愕；智取力敌，威震五岳！

春风送暖入屠苏

　　"爆竹声中一岁除，春风送暖入屠苏。千门万户曈曈日，总把新桃换旧符。"——这是妇孺皆知的王安石的元日诗。"春风送暖入屠苏"，是说春风万里送暖归，屠苏酒喝得人们其乐也融融。

　　我国饮屠苏酒的历史很悠久。东汉崔寔的《四民月令》即有"元旦饮屠苏酒"的记载。饮法很有讲究：年少者先饮，年长者后饮，最老者最后饮。这与传统的尊老爱幼、长幼有序，颇不相符，可谓次序完全颠倒了。如何解释这种饮酒礼？宋人庄季裕说："如岁盏屠苏酒，自小饮至大，老人最后，所余唯多，则亦有贪婪之意。"（《鸡肋编》卷中）这种解释，大煞风景，与实际风马牛不相及也。据《时镜新书》记载："晋海西令问董勋曰：正旦饮酒先从小者，何也？勋曰：俗以少者得岁，先酒贺之，老者失岁，故后饮酒。"原来，是以得岁、失岁为序，这是多么合理，并洋溢着浓浓的人情味呵！这在许多诗人的大作中，均有描述。刘梦得、白乐天元日举酒赋诗，刘云："与君同甲子，寿酒让先杯。"白云："与君同甲子，岁酒合先谁？”白乐天还有《岁假内命酒篇》云：“岁酒先拈辞不得，被君推作少年人。”顾况感慨年华易逝，人生苦短，眼神里流露着无限羡慕，把屠苏酒让给拥有未来的少年：“不觉老将春共至，更悲携手几人全。还丹寂寞羞明镜，手把屠苏让少年。”成文干则带着无可奈何岁月去的神情，感叹道：“戴星先捧祝尧觞，镜里堪惊两鬓霜。好是灯前偷失笑，屠苏应不得先尝。”倒是苏东坡老先生想得开，他在《除夜野宿常州城外》中，高声吟哦：“但把穷愁博长健，不辞最后饮屠苏。”（《坚瓠戊集》卷2）如此通达，非生性磊落、胸怀博大者不能为也。

古人如此重视屠苏酒，此酒究为何物？这是个言人人殊的问题。有人认为，屠苏是名医孙思邈的庵名，故其辟疫之药，能“屠绝鬼气，苏醒人”。明朝学者郎瑛认为此说“误矣”，正确的解释应当是：“屠苏，本古庵名也。”还有人认为，“苏魄，鬼名，此药屠割鬼爽，故名。”（《本草纲目》卷25引）此说太玄乎，难以置信。尚有他说，不妨存而不论。

屠苏酒的配方是什么？这是酒史研究者的热门话题之一。前几年，有位学者曾断言，此方在中国文献中已失传，只能从日本的古籍中去查找。此言差矣！郎瑛载谓：“大黄、桔梗、白术、肉桂各一两八钱；乌头六钱，菝葜一两二钱。……剉为散，用袋盛，以十二晦日日中悬沉井中，令至泥，正月朔旦，出药，置酒中煎数沸，于东向户中饮之，先从少起，多少任意。"（《七修类稿·辩证类上》）显然，这个记载是够详尽的了。（《本草纲目》卷25引）陈延之《小品方》，也载有屠苏酒的配方，且与郎瑛所述大同小异。

屠苏酒的药物构成及制法，都比较简单易行，故古代才会那样风行。建议酒厂及有兴趣者，恢复生产屠苏酒。若然，在一年一度的万象更新的元旦，我们能够像先辈们那样，团团而坐，由少及老，道声：请饮一杯屠苏酒。不亦快哉！

《水浒》与明代社会一瞥

　　《水浒》的作者与成书年代，是个学术界聚讼纷纭的问题。三年前，文史界关于施耐庵其人，曾热烈争论过，笔者不才，曾写了《施耐庵故乡考察散记》（刊于《光明日报》一九八二年四月二十五日"史学"）和《施让地券与〈云卿诗稿〉考索》（刊于《学术月刊》一九八二年七月号），参与讨论。在笔者看来，由于某种原因，那场讨论后来并没有完全按照正常轨道进行下去，因而也就不再写文章；好在可研究的学术课题，真是多得不可胜数。现在看来，总的来说，我确信苏北今大丰县白驹乡有位施耐庵著成《水浒》的观点，并没有改变。对于那种说《水浒》是南宋人或元朝人所作的观点，实在不敢苟同。一部好的文学作品，总是作家所处社会环境的一面镜子。作为我国古代杰出的现实主义文学巨著之一的《水浒》，明显地反映了明代的社会风貌。全面地论述这个问题，断非本篇所能容纳。这里，且举两例：

　　蒙汗药：《水浒》里经常写到蒙汗药，撒入酒中，谁喝下去，顷刻"望后扑地便倒"，真是惊心动魄，神奇至极。建国初期何心先生的《水浒研究》，已经注意到蒙汗药问题，引了几条史料，但并未能将蒙汗药的谜底完全揭开。犹忆七年前，我在上海与科技史专家友人胡道静先生聊天时，他认为把蒙汗药的来龙去脉搞清楚，对于中国古代科技史，将是很有意义的。后来，我把读书时所得，写成《蒙汗药之谜》（刊于中华书局版《学林漫录》一九八〇年初辑），求教于学术界。近几年来，读书时又偶有所获。现在可以断言，蒙汗药在明代社会是风行一时的，连蒙汗药的解药，也确实在使用了。

　　就管窥所及，史籍中较早提到"蒙汗药"一词的似为明代成化年间的郎瑛。他在书中载谓："小说家尝言：蒙汗药人食之昏腾麻死，后复有药解活，予则以为妄也。……又《桂海虞衡志》载，曼陀罗花，盗采花之末，置人饮食中，即皆醉也。据是，则蒙汗药非妄。"（《七修类稿》卷下，"事物类"）这里，郎瑛断言蒙汗药并非小说家虚妄之谈，并将此药与曼陀罗花挂钩，是难能可贵的。古代史料和现代药物学都已充分证明，曼陀罗花，在明代又名风茄儿、山茄子、颠茄，今称洋金花、风茄花，是具有很强的麻醉性能的。万历时的文人沈德符曾这样写道："嘉靖末年，海内宴安，士大夫富厚者，以治园亭、教歌舞之隙，间及古玩。……吴门新都诸市骨董者，如幻人之化黄龙，如板桥三娘子之变驴，又如宜君县夷民改换人肢体面目。其称贵公子、大富人者，日饮蒙汗药，而甘之若饴矣。"（《万历野获编》卷26）据此可知，"蒙汗药"一词，成为当时人口头上颇为流行的贬义语。这条史料，是蒙汗药在明代风行天下的一个佐证。

蒙汗药的解药是什么？明清之际的方以智，曾记载了一个案例，谓："魏二韩御史治一贼，供称：威灵仙、天茄花、精刺豆，人饮则迷，蓝汁可解。"（《物理小识》卷12）天茄花是曼陀罗花的别称。据此可知，蓝的汁，是蒙汗药的解药。事实上，宋人洪迈在《夷坚志》中，即已指出蓝能"解百毒，杀诸虫"，明代的谢肇淛，特予转引（《五杂俎》卷11，"物部"3）；蓝汁既能解百毒，解用曼陀罗制成的蒙汗药之毒，也就是理所当然的了。关于此问题，笔者已撰有《蒙汗药续考》，将在《学林漫录》刊出，此处不赘述。

牛二：《水浒》中曾描写市井流氓。诨号"没毛大虫"，在街头蛮不讲理、胡作非为的牛二，更是个典型。有趣的是，明代万历年间，北京城里有个横行霸道的流氓，名字就叫牛二。当时的"巡视西城，陕西道监察御史郑锐"，曾经给皇帝上了一道题为《棍徒结党虐害良善凌辱大臣疏》，其中叙述北京城中的流氓"韩朝臣等平日倚恃锦衣卫声势，结义十弟兄，号称十虎，横行各城地方，非朝夕故矣。在西城则有李七即李拱……在南城则有李二、景永受焉。在中城则有牛二焉。……挟众逞凶，凌虐平民，赌博局骗，霸占巢窝之类，难以枚举。姑即其甚者言之，为夺人妻女，则李拱有陈爱儿……牛二有陈香儿，各妇见在可证……大为都城之蠹"(《伯仲谏台疏草》卷下)。显然，像牛二这样的流氓，横行霸道，确实是都市生活中的蠹虫。需要指出的是，流氓并非始于明代，大体说来，牛二之流的孳生史，是与城市发展史同步的。但是，明代自成化以后，社会经济进一步发展，中、小城镇勃兴，这在江南地区，尤为明显。随着城市的发展，作为城市经济的寄生层，流氓也就日益繁衍起来，至明中叶后，无论南方还是北方的城市中，流氓为患，成了社会问题。万历年间北京城中的牛二，与《水浒》中的牛二同名，当然是个巧合。但是，透过《水浒》中的牛二，以及北京城中的牛二，表明了《水浒》反映出明代社会的一个侧面——流氓阶层，则是显而易见的。

1984年秋于北京

望月楼随笔

举头望明月，

低头思故乡。

——李白

《荒芜了的花园》

《荒芜了的花园》是巴金先生写的一篇散文。1948
年我在当时的建阳县高作区高峰小学读五年级时，语文
课本上选有此文。近几年来，我常常想起故园大卜舍，
不禁联想到这篇课文，感慨久之。1946年秋，在土地改
革运动中我家分到16亩地，三间房，都在大卜舍，遂举家
从大西庄迁此定居。这是一个小村庄，但风景甚佳：村
前有数株枣树，果实虽不大，但秋至渐红，我与小伙伴
嬉戏树下，口涎欲滴；打谷场右侧，有香橼树、皂角树，
皂角树当在百年以上，满树肥大的皂角，是村民洗衣、洗
澡的天然肥皂；村后河岸旁，遍植柳树、杨树、榆树、桑
树及白果树，浓荫蔽日，更有郑和下西洋携归、能够预卜

年景的非常神奇的五谷树，常有外村人前来观瞻。因树木葱茏，附近河流、水田交错，一种不知名的喜食小鱼、小虾的飞鸟，成群结队，栖息、盘旋于树梢，翱翔在蓝天白云下。可是，曾几何时，香橼树、皂角树、白果树、腊梅、桃树、五谷树，都被村民砍伐殆尽，那种鸟也就飞得无影无踪。最可惜的是，前年我回故园扫墓，一村民告诉我，五谷树被伐后，树根上曾又冒出不少新枝，他嫌讨厌，干脆把树根都刨掉了。是的，村民日渐富裕，家家都盖了宽敞的瓦房。但是，他们在文化上并不富有，甚至可谓荒芜。否则，怎么会让那些好花、佳树、名木，荡为冷烟寒灰？尤其是五谷树，更令我魂牵梦萦，曾先后在海峡两岸的《人民日报》《自由时报》著文介绍，可惜它早已是历史的陈迹。故园何日不荒芜？南望家山，翘首而待。莫道关山远隔，"一枝一叶总关情"也。

韦大先生

人民是历史的主体。但人民的绝大多数，从来都是默默无闻的。韦景尧先生就是其中的一位。他生于1895年，读过私塾，启蒙老师是淮安的一位老秀才。他也曾教过私塾，因此村民都呼为韦大先生，其夫人也就成了韦大师娘。他俩无子女。韦大师娘不识字，但主政，她对韦先生的读古书、作古诗，说话动辄引经据典、诗云子曰，十分反感，竟以"大痴子"称之，韦先生无可奈何，真乃隔膜之悲哀也。我第一次见到韦先生，是在抗日民主政权建立后的一次乡民大会上。韦先生上台演讲，说："我家有一头牛，准备卖了，买枪打鬼子！"这在我童年的记忆中留下了难忘的印象。我家搬至大卜舍后，与韦先生家仅一河之隔，他常来我家，与家父、家兄或寒暄，或闲聊。韦大师娘，人甚畏之，我也不例外，故并未到其家玩耍。1948年夏天，韦大师娘有病，执意要童子（迷信职业者）来她家驱邪，而在童子作法事过程中，需要二位少年手抱雄鸡，跟在童子身后，韦先生特来邀我与小伙伴孙宝堂（现任高作中学教师）去充当抱鸡使者。我们受宠若惊，欣然前往，事毕，韦大师娘赏给我们一块高作街上买的大饼。自我读高中后，与韦大先生来往渐多，因我爱好文史，与他的共同语言日渐多了起来。我曾向他学作古诗，但终究因不愿戴格律的枷锁，半途而废。1960年夏，我在复旦大学历史系毕业，留校读研究生，遂返乡探亲。韦先生闻讯，来我家，邀我去吃饭。这时，天灾、人祸已经横行，父、母的口粮是每天四两大麦。因此，我以及双亲都一再婉言谢绝，但终究拗不过韦先生的坚请，我只好从命。桌上摆着二碗大麦片饭，一碗咸肉，一盘炒韭菜，一碗蛏干汤。韦大师娘不上桌，却一再要我多吃菜，韦先生则连连说："菲薄甚矣，又无酒，务望海涵。"我一边吃着，一边心中非常不安：在这饥馑的年代，穷乡僻壤间能弄到这些菜，太不容易了，而一碗饭就得花去老两口的一天多口粮！这些年来，我在国内外出席过很多次盛宴，并在香港赴过金庸先生豪华的家宴，但留给我的印象日渐淡薄，多数已抛诸脑后。但韦先生夫妇请我吃的这顿饭，我是永远也不会忘记的。他们敬重我这个当年在他们家跟在童子身后，抱着公鸡围绕神像转圈的放牛娃，居然成了名牌大学研究生。韦先生说："你现在已由大学生而大学士矣。"我虽不敢当，但二位老人家尊重知识的热忱实在感人肺腑。韦先生大概是预感到生命之火行将熄灭，饭后叹息着说"我将与草木同朽"，并作了一副自挽联，贴在家中。我一再安慰他，但他只是苦笑着摇头。后来我才知道，他终于未能走出那个特殊年代的死亡线，默默地倒下了。

一饭之恩当永报。可是，我竟无从报答韦大先生夫妇，思之凄然者再。他写过不少诗，去世后，都亡佚。所幸的是，近四十年前，上海乐天诗社出版过《纪年诗集》，内收韦先生六十三岁时写的诗一首，现抄录如下：

> 六十三年春夏秋，
> 浮沉身世去悠悠。
> 心雄从未嗟垂老，
> 体健何尝论退休。
> 发掘技能蠲旧习，
> 钻研学理逐新流。

洞明世务称先觉，

不让他人据上游。

诗如其人。读此诗，一位不甘落伍的乡村老知识分子的形象，便生动地展现在眼前。在我的心中，韦大先生并未与草木同朽。

乡音古义

盐城土话中有不少古义，有的需认真查考文献，才能知道其确切含义，有的则妇孺皆知。如：笔者幼年时是住在蒋王庄，常在打谷场上玩耍，每值风雨将至时，即与群儿边跑边唱曰："风来了！雨来了！和尚背了鼓来了！"及稍长，觉得纳闷：风来雨来，跟和尚有什么关系？而且怎么会背着鼓来呢？但问谁也答不出来。直到我后来研究历史，读杜文澜辑《古谣谚》卷25引《帝城景物略》，才知道我幼时唱的那首儿歌是古代的求雨歌，原文是："凡岁时不雨……小儿塑泥龙，张纸旗，击鼓金，焚香各龙王庙……初雨，小儿群喜歌曰……风来了！雨来了！禾场背了谷（原注：声作古）来了！"这才使我恍然大悟：原来"和尚"是"禾场"之误，"鼓"是"谷"的讹音。虽然如此，家乡的儿歌竟与古代京城的儿歌一样，耐人寻味。

懂得盐城话——包括其周边地区的方言，对阅读、研究古典小说《水浒》《金瓶梅》《西游记》，颇有裨益。如《水浒》中的好汉"浪里白条"（又作白跳）张顺，有的学者释"浪里白条"为"白浪滔天"，纯属想当然。"白条"即盐城人所说的白条鱼，又叫参子鱼，在水中颇活跃，穿来穿去，游速甚快，故"浪里白条"，不过是形容张顺在水中如白条鱼，功夫甚佳而已。《西游记》中有"不当仁子"（即谦称"罪过"、对不起），《金瓶梅》中有"淘碌"（即哀伤过度），某些学者均不解其义，因而注错。而今天盐城人、淮安人、扬州人的口语中，仍均有此词，虽童稚亦解词义。凡此，借用胡适先生当年的话说，有的学者真是"不值乡下人一笑"了。

家是一滴水

家是一滴水。从这一滴水，可以观察我们的国家、社会正经历着何等深刻的历史巨变。

虽说历经战乱及"文革"的十年动乱，我们家的修于六十多年前的家谱，却幸运地保存下来了；听内人说，她的原籍河南淇县的老家，家谱也保存下来了，她的伯伯看过家谱，曾经向她介绍过家族的历史。我们两家的共同点是祖上世代务农。在我家的祖辈中，足迹最远不过是南到苏州，北到灌云县，始终没有走出过江苏省。妻家祖辈的足迹所至不太清楚，但有一点是肯定的：从未有一人走出国门。

但最近二十年来，尤其是近十年来，家人越走越远。我的儿子、儿媳去了澳洲，并已入籍，他们也有儿子了；妻无弟兄，有两个妹妹，一个在墨西哥定居，一个在美国定居。如果说到亲友，十几年来赴国外留学或定居者，则俄罗斯、加拿大、日本等国，以及我国台湾、香港地区，都有他们的足迹。三年前，我们家出了一件大喜事，我一一告知亲友，大家都笑说这是"国际新闻"。即以不才而论，虽然终年在书斋沉湎文史，去过的地方不多，但十多年来也曾四次跨出国门，自信比只进过三次大观园的刘姥姥强多了。

我们都是"寻常百姓家"。二十多年前，当我在受"四人帮"迫害，扫马路、打扫厕所时，做梦也没有想到家中会有今天的变化。当然，家中的巨大变化远不止这一些；家人的出国、由中国人变为"外国人"，只不过是巨变中的一个侧面而已。但是，这一侧面，不正是活生生地显示出我们国家改革开放的历史巨变吗？如果没有改革开放，我们家的任何人恐怕都没有机会迈出国门一步。我并不认为西方的月亮比中国的圆，但能在西方看月亮，总是一件赏心乐事。

滴水观沧海，滴水观大千。从家这一滴水，看看我们的国家、社会，能不动情、振奋吗？

"青灯有味似儿时"

"青灯有味似儿时",这是陆放翁的诗句。对于今天都市里的青少年来说,用植物油点燃的青灯,已经是个遥远的梦。而对我来说,每当想起这句诗,便想起儿时家中及学校里的油灯。

我的童年是在抗日战争、解放战争的艰苦岁月里度过的。家贫务农,分外节省。有时吃晚饭天已很黑,家母却舍不得点灯,笑着对我们说:"反正也没有什么好吃的,总不会把稀粥喝到鼻子里去吧!"但是,吃完饭,母亲、大嫂、姐姐不是忙着洗锅、涮碗,就是忙着针线活,包括给新四军战士纳鞋底,以及为打破日寇对根据地的封锁,养蚕、纺纱等等。常常因封锁买不到火油(这是当时的叫法,即煤油),只好以豆油、猪油代替。在穷苦农民的心目中,豆油、猪油都是金贵之物,吃都舍不得,现在被迫用来点灯,只能把灯捻子做得细一些(当时灯草也常常短缺),这样油虽耗得少了,但灯光如豆,在微弱的青焰中,发着暗淡的光。但正是在这样的灯光下,母亲、大嫂等做出了一双又一双军鞋,摇出了一锭又一锭纱,育成一斤又一斤的茧;而我也正是在这样的灯光下,写字、做作业、读《水浒》等文学书籍,从小学毕业。

这时,已经是1949年的秋天。不久,我考取了海南中学。这是一所历史悠久、具有光荣革命传统的学校，在战争年代，培养了大批热血青年走上革命岗位。但是，学校的办学条件简陋，生活艰苦。晚上，我们在教室自修，八个人共用一盏墨水瓶做的火油灯。油质太差，黑烟不断。教室的门窗都透风，坐在下风的同学，更不堪其苦：被烟熏得眼睛睁不开，擤出的鼻涕都发黑。于是，我们轮流坐下风，真个是：有烟同熏，有黑同擤。正是在这样的灯光下，我们修完了一年学业。第二年，随着中华人民共和国文教事业的发展，我们终于用上了汽油灯，从此在教室里与火油灯彻底"拜拜"了。

作为一介书生，虽说我家的吊灯、壁灯、立灯、台灯都非豪华之物，但每当夜幕降临，打开时，比起当年的青灯、煤油灯来，真不啻是天差地别了。不过，儿时青灯犹有味，人生毋忘艰难时，我很知福。

鱼水情深永不忘

鱼水情深忆儿时，军民厚谊永难忘。我的童年是在盐阜抗日根据地度过的。老家蒋王庄，离南宋抗元名臣陆秀夫的故里长建乡长建里（今建湖县建阳镇）不过十几里地。这片土地虽不富饶，却富有反侵略、反压迫的光荣传统。我四岁开始记事。这年秋天的一个早晨，新四军战士在打谷场上操练的情景，至今仍不时在我的眼前闪现。从此，我们的村庄经常有新四军的连队来住。他们在操练之余，歌声不断。"风在吼，马在叫，黄河在咆哮……"这震撼人心的歌词，我就是从战士们那里听到并学会的。战士们早、晚都喝粥，中午虽吃米饭，多半也是陈旧的糙米。但是，在我的心目中，这比我们家一日三餐的大麦片稀粥强多了。因此，他们吃中饭时，我不免眼馋地在一旁看着。一个四岁小孩的心思，能瞒过谁？一位叫郑良京的青年战士，一连好几天，都盛一小碗米饭给我，还摸着我的头，关切地说："慢慢吃，别噎着了！"

新四军三师某部的一个医疗队，在我们的庄上住了很久，我家住的茅屋矮小、潮湿，加上我小时很淘气，到处乱钻，以致害了满身疥疮，奇痒难熬。多亏医疗队的一位医生，用硫磺在我全身擦了好几遍，终于将讨厌的疥虫全部杀死。医疗队还切除了我大哥王荫长在鼻孔里的一个瘤子，却分文未收。我清楚地记得，母亲拉着我的手，去医疗队看望在做手术的大哥，并向医疗队一再称谢时，医生笑着说："大妈，我们是一家人哪，不要客气！"

是的，军民确是一家人。庄上拥军活动，热火朝天。一位腿部严重受伤的姓乔的老战士，在我家住了有半年多。我的母亲、大嫂给他端茶、送水，如有好的食物，一定会给他也送去一份。后来我听说，他是山东人，是位老红军。

1942年秋，我进抗日民主根据地办的小学读书，接受新民主主义教育。国文课本第一课的题目是《兵来了》。课文内容："一、二、一，兵来了，一、二、一，兵来了，新四军来了！欢迎，欢迎！"从儿时起，人民军队雄伟的脚步声，一直伴随我成长。

"八一"前夕于京南

牛年逝水

　　牛年逝水，不舍昼夜。转瞬间，我的本命年如同西沉的红日，一大半已经沉下去了。回顾牛年，俺老牛实在是平平淡淡。但是，有一首歌不是唱道"平平淡淡才是真"吗？其实，身为学者、文人，能够在"海不扬波"、书桌平稳的环境中生活、研究、写作，就像老牛在风和日丽的绿野里，看着"桃花流水鳜鱼肥"，"一行白鹭上青天"，一步一个脚印地耕耘着，是很值得珍惜的福分。

　　我想，属牛的人，包括不属牛者，以及在田间耕作的牛，最怕的事，莫过于不让他们和它们平平淡淡，来个角色互换。牛本来就是牛，"文革"中却将牛大张旗鼓地拟人化，"牛鬼蛇神"满天飞，这对吃苦耐劳、默默无闻的牛来说，岂非是名誉扫地？而更不幸的是人，不管你是不是属牛，却把你像赶牲口一样，赶到"牛棚"里去，从此沦入是人而又非人的活地狱。诚然，也有人曾在"牛棚"中作诗曰"莫道牛棚天地小，人生哪得此清闲"，但这不过是含着眼泪的苦笑，学习阿Q老爷子处世哲学的心得罢了。绝大多数蹲"牛棚"的人，无不度日如年。谓予不信，请读读陈白尘先生的《牛棚日记》、贾植芳先生的《狱里狱外》之类作品，便一清二楚了。

我对陈白尘先生很仰慕，但无缘拜识，深以为憾。至于贾植芳先生，六十年代我在复旦大学历史系读研究生时，他虽已从监狱释放，却被戴上反革命分子帽子，在复旦印刷厂从事繁重的劳动。"文革"中，打入"牛棚"，一度与我住在一个宿舍。当时，我不可能与他有交往。去年5月，我在复旦宾馆小住，书店中遇到贾先生，遂向他问安，送他一本拙著杂文集《牛屋杂俎》，他一看封面就笑了。我想，"牛屋"二字，他一定心领神会。贾先生及任敏师母、他们的女儿贾英小姐，都很热情，邀我去做客。次日我去拜访，与贾先生聚谈甚欢。虽说他已年逾八十，但记忆力甚好，思维敏捷，语言幽默，所述均文坛掌故，有些更鲜为人知。给我留下最深刻印象的，还是他所述由人变为"牛"后的世情冷暖。昔日的同事、弟子，路遇时，有的怒目而视，有的装着视而不见，而谭其骧教授，遇到他时，只要周围无人，总要关切地说一声："老贾，多保重啊！"作为时下名重当世的中国现代文学史专家、小说家、教授的贾先生，问候他的人多矣，但在人妖颠倒、人牛错位的当年，其骧师的那声问候，该是多么的珍贵，足以胜过现在的千言万语。我也向贾先生说起我在"牛棚"的经历。当时我还年轻，比起贾先生来，实在是后生小辈了。我的书斋名"老牛堂"，有闲章一方，镌"老牛"二字。我在与贾先生合影后，开玩笑说："贾老，明年是我的本命年，到时候我会写篇文章，连同这张照片，一起发表。照片下面的说明是：老牛与牛老前辈。您看行吗？"他听后大笑，说"行，行！"眼看牛年将逝，我赶紧写此小文，衷心祝福虽历经磨难而神清笔健的"牛老前辈"贾植芳老师长寿、多福。

秀屿碧水情

今年盛夏、初冬，我二次从北国去了东南沿海的东山岛。长途飞行的劳顿，长途汽车的风尘，挡不住我对东山的向往。说真的，其中一个重要原因，是我对东山美丽的小岛——东门屿深深的眷恋。

读史的人，谁不知道清初的抗清英雄、书法家、画家、学者黄道周？犹忆四十年前，我读《明史》卷255黄道周本传时，深为他的学贯古今、多才多艺所折服；更为他的刚正不阿、犯颜抗疏、誓死抗清的高风亮节感动不已。东山正是他的故里。而当我读到"铜山（即今东山）在孤岛中，有石室，道周自幼坐卧其中，故学者称为石斋先生"，茫茫思绪，早已飞向大海，飞向孤岛中的石室，去寻觅石斋先生的遗迹，感受他的苦读与坚韧。

石室所在地，名塔屿，在东山岛东面的近海中。明嘉靖五年（公元1526年），当时的巡海道蔡潮在此建塔，故名。不过，今天人们都习惯叫它东门屿。屿者，小岛也。方圆不到一公里。但让人惊叹的是，站在屿上西眺，一湾碧水，风平浪静，宛如置身杭州西子湖畔。这是一个极好的港湾，停泊着上百艘渔船。古老的铜山镇隔海相望；塔屿是其东海中的第一座门户，故名东门屿。11月7日傍晚，晴空万里。我们几位文友在屿上庄严而又辉煌的东明寺，遥望沐浴在夕阳中的文峰塔，满天彩霞，将它映衬得更加高耸孤拔，昂首天际。西湖的雷峰夕照，早已化为历史的烟尘，而文峰夕照，分明就在眼前，温暖着我们的双眼，净化着我们的心灵……

踩着沙滩，沿着碧水，我们在当年黄道周儿时刻苦读书、磨砺品格的石室前低回凭吊。这是一个高大的石洞，"云山石室"四字摩崖据谓乃黄道周手迹。南面一洞，状如雄鹰展翅，上镌"石斋"二字，是黄道周的卧室。遥想当年，他在这里看红日东升，观月落乌啼，听涛声拍岸，读儒学经典，告别石室，走向更广阔的人生，并最终率领孤军，北上抗清，兵败被俘后，写下"纲常万古，节义千秋，天地知我，家人无忧"的血书，慷慨就义……莫道黄公长已矣，他的精神不死，仍与秀屿、碧水同在，与我们同在，与"残阳如血"同在，那屹立苍穹下的文峰塔影，似乎就是他英魂雄魄的写照。

告别东门屿，向热情接待我们的东明寺住持道裕师父辞行。他是位德行深广的高僧，漳州市政协常委。十年来，他未花国家一分钱，向海内外佛门的善男信女集资一千万元，在屿上建起四千多平方米的山门、佛堂、宝殿、寿塔，使东南海上，又多了一处胜迹。我个人更感谢他治好我的不适，真个是药到病除。正是：和风拂宝刹，海上月更明。

　　踏着夕阳归去，我在心中深深地祝福：屿更秀，水更碧，人长久。

　　　　　　　　　　　　11月22日于老牛堂

女儿唱的歌

　　《中华英才》第99期，曾经刊出我和女儿的照片；她叫芃芃，当时才七个月，转眼间，现在已经三岁多了。我们夫妻俩都喜欢音乐，我对中外古典音乐、民间音乐，更是到了酷爱的程度。因此，芃芃还在她妈妈肚子里时，就开始接受音乐胎教，听中外小提琴、钢琴演奏的摇篮曲、牧歌之类录音。她来到人世后，对这类音乐，很敏感。有时她哭闹时，只要放这类音乐磁带，她便能很快安静下来，听得入神。但是，她一岁半时，会讲话了，渐渐对这类音乐失去了兴趣。这是因为，我们请来带她的女孩，只念了两年初中，对中外轻音乐一无所知，毫无兴趣，一有空，就放流行歌曲，并不时唱得津津有味。她走后，新来的小保姆，虽说念完了初中，但问她内蒙古、湖北，哪个在南，哪个在北，她答不上来，说没学过。可是唱的歌，却是南腔北调，有从磁带上听来的，也有从电视、电影里学来的，多半唱不全，东一句、西一句。近来似乎又有了变化：只唱爱情歌曲。"近朱者赤，近墨者黑。"每当我放过去芃芃非常喜欢听的《艾丽丝》《牧童短笛》《二泉映月》之类曲子，芃芃马上就说："不好听，甭放。"成天唱的是在我看来歌词根本不合逻辑的《纤夫的爱》《九月九的酒》之类。她毕竟才三岁，虽说记性很好，这些歌听一两遍就会唱了，但往往不懂词意，有时我听后，忍不住捧腹大笑。一次她唱什么"梦里鸡鸡"，我琢磨了好一会儿，才悟出是《雪珂》插曲中"梦里记起"。也不知道她什么时候学会了《草原上升起不落的太阳》，唱到悠长的高音部分，真像一只引颈长啼的小公鸡，太费劲，太难为她了！这两天，她又忽然反复唱这样的两句："过去我是多么讨厌你，现在我是多么喜欢你"，令我大吃一惊，问小保姆这是什么歌？她说："不知道，我就只会唱这两句，被芃芃听去了。"我很苦恼。这些哪里是我仅仅三岁的女儿唱的歌！可是，能深深吸引她的优秀幼儿歌曲又在哪里呢？我想起了《渴望》中的歌词："谁能告诉我？是对还是错？问询南来北往的客……"

如此风马牛

"风马牛不相及也"——这是人们日常生活中的口头禅。可悲的是，风马牛现象却随处可见。即以文化领域而论，某些风马牛现象，真让人啼笑皆非。我家的小孩及小保姆，都喜欢音乐，唱卡拉OK。近日我买了二十张VCD光盘，看着，看着，不仅眉头越皱越紧。《二泉吟》，分明是吟唱民间音乐家瞎子阿炳凄凉身世的，旋律也是脱胎于哀婉缠绵的《二泉映月》，但画面却是一位身穿三点装的小姐，扭扭捏捏，并不时有特写的花心跳入眼帘，分明是展示一种性文化；歌词中的"恨悠悠，失明的眼睛把黑暗看透"，"失"字居然错成"实"字，意思全拧了！倘阿炳地下有知，恐怕要大哭一场的。有报道说，美国第一艘人造飞船上天时，挑了世界十大名曲到太空播放，《二泉映月》是其中之一。这不仅是阿炳的殊荣，也是中国民族音乐的骄傲。谁能料到这首世界名曲，竟被光盘制作者，糟蹋得如此面貌全非呢！

同样令人气愤的是，自六十年代以来被无数人传唱的《听妈妈讲过去的事情》，画面上居然是一个小女孩嬉皮笑脸地做着芭蕾舞的各种动作，对歌词中控诉旧社会苦难的"吃着野菜和谷糠""又冷又饿跌倒在雪地上"展示的辛酸意境，不啻是幸灾乐祸，公然嘲弄，实在令人扼腕难平。而《长江之歌》的画面上，居然根本没有长江；电影《上甘岭》插曲中的"一条大河⋯⋯"句，画面上竟然是山间一条小溪⋯⋯诸如此类，牛头不对马嘴，对少年尤其是幼儿，只能起误导思维的坏作用。

这种偏要风马牛的现象，完全是反文化现象。如果让此风蔓延，迟早就会产生类似明末、清末、四十年代后期形形色色的"古怪歌"，而所有这些风马牛的歌词，无一不是反社会的。

3月3日于牛屋

春城无处不飞花

　　"和风吹绿柳，时雨润青苗。"眺望窗外的无边春色，不禁想起七十年代后期的春天里，我调来北京前后的一些往事。有位好友，极力劝阻我不可离开上海，说："北京的气候，我们江南人肯定适应不了。北京根本没有春天，大风起处，春城无处不飞沙，你再难领略到'小楼一夜听春雨，深巷明朝卖杏花'的江南美景了。你还是在大学课堂上，擦粉笔灰，种桃李为好。"这位好友把唐代诗人韩翃的名句"春城无处不飞花"，改为"春城无处不飞沙"，不禁令我莞尔。但北京的春天究竟怎么样？我以前仅仅在一个寒冷的冬天，来过一趟北京，自然无从体验。虽说，我并未听从友人劝阻，还是来到了北京。但是，确实是带着对江南的依恋，对北京春天的疑惑，开始在北京生活的。

　　我在北京度过的第一个春天，至今历历在目。我们的机关虽大，院内、院外，花卉很少。有几株丁香，盛开时，灿如云霞，令我赏心悦目。当时，我就住在一间人称"土地庙"的小屋里。有天夜里，大风陡起，呼啸半夜，简陋的门窗，被吹得吱吜作响。次日清晨，我起身一看，桌上、书架上、地板上，积了厚厚的一层沙土，再去看丁香，落英满地，残存的，也成了"可怜惨淡无颜色"。有一天，我应邀去西城拜望一位女画家，半路上，突然大风裹着沙尘铺天盖地而来，顷刻间，我便面貌全灰了。那时的《人民日报》，还刊登过一篇令人震惊的文章：《风沙紧逼北京城》。至此，我才感到友人的"春城无处不飞沙"，并非戏言。

然而，就我的切身经历说，也不过是八十年代后期，随着绿色防护林的茁壮成长，北京的大风沙，渐成强弩之末。从那时起，我外出时，再也未面貌全灰过。清明前后，在西山，在各大公园，在去机场的公路上，在东西长安街……群芳斗艳，目不暇接。真个是别了飞沙"春城无处不飞花"了呵！

垃圾滩作证

前几年，中央电视台播放的电视连续剧《上海一家人》中的主角亚男，使我浮想联翩。她是二十年代从苏北逃荒到上海，在贫民窟中长大并崛起而成为企业家的。在现实生活中，会有这样成功的逃荒女孩吗？我以为万难。我有一位叫张德新的表舅，是亚男的同龄人，也是二十年代撑着小船，从苏北逃荒到上海的。历经艰难，无处栖身，最后只好在龙华镇南边黄浦江畔的垃圾滩上，搭个俗称"滚地龙"的窝棚住了下来，靠打捞江中的杂草、废物为生。何谓垃圾滩？原来，上海在很长的历史时期内，每天将垃圾用船队运到前述江边的水浅处，随意堆放，久而久之，形成了三个滩。这既是垃圾的沉积物，其肮脏不堪，可想而知。

1954年秋，我去上海治病，在垃圾滩上的舅家，住过几个月。这时的三个滩上，已住满了苏北人，以收购碎玻璃、当搬运工、捡破烂为生。虽然，他们已不住"滚地龙"了，但住的仍是简陋茅屋，吃的是黄浦江里浑浊的江水。夏天，苍蝇横飞，秽气阵阵。我深切地感到，这里生活的艰辛，甚至超过了苏北的穷乡僻壤。夜深人静，我躺在吱吱作响的竹床上，听着黄浦江里运垃圾船的马达声，心潮起伏：这垃圾滩上人们的命运，何时才能改变呢？

岁月无声逐逝波，离别垃圾滩已经四十多年。最近我在上海，重访垃圾滩。我的外甥开车，一路打听，费了不少功夫，终于找到。但是，垃圾滩及茅屋已经无影无踪，经过整治，这里建设成清洁管理站；昔日滩边芦苇丛生、积满污水的低洼地，也没了踪影。展现在我眼前的，是整洁的马路，林立的高楼。我拿起摄像机，摄下这历史变迁的一页，赞叹奇迹的发生。

当年垃圾滩上的居民，就住在不远处的居民住宅区龙南新村里。楼房宽敞，有管道煤气。已八十多岁的张德新老人仍健在。亲戚们告诉我，这一奇迹是近几年发生的，彻底改变了他们的命运。我明白了：垃圾滩作证——改革的辉煌成果，真是无处不在啊！

10月6日于牛屋

春在心坎里

　　牛年岁末，北京及中国大部分地区，大雪纷飞。民谚有谓："霜前冷，雪后寒。"雪后朔风凛冽，寒彻肌骨。凭栏远眺茫茫雪原，长空缓缓流动的冻云，我却分明感到了盎然春意，正在神州大地上，向我们扑面而来。

　　是人们心头的暖流，驱除严寒，带来了春意——温暖、和煦。就在这场大雪前夕，在河北省西北坝上高原的张北、尚义两县交界处，发生了里氏6.2级地震，使坝上高原860平方公里土地上人民的生命财产，受到重大损失。灾情就是命令。血管里流着同一个老祖宗热血的中华儿女，立即为受灾同胞紧急行动起来，捐钱捐物，及时向灾区送去了棉衣、棉被、食品、药品、帐篷、燃料，香港同胞在很短的时间内，就募捐到500万港币救灾款……

　　大雪及灾区雪后降温到零下20多度，给抗灾带来重重困难。保证公路畅通就是一大难题。但是，困难吓不倒英雄汉！公安战士日夜在公路上值勤，排除了种种障碍。与人民血肉相连、鱼水情深的人民解放军，更是冲在最前列，救人、建简易房、把热饭热汤送到灾民手中。在灾区，没有一人因受伤得不到救治而死，更没有一人冻死、饿死。简易房外，大风呼啸，天寒地冻；简易房内，炉火熊熊，温暖如春。这是多么强烈的对照！

灾害无情人有情。环顾海内，在严重的地震灾情发生后，在很短的时间内，同胞迅速拧成一股绳，有效地减轻灾情，使灾民不致流离失所，甚至转死沟壑，我们又几曾多见？

"飞雪迎春到"，春在心坎里。"向阳人家春常在"，愿祖国处处是春天！

1998年1月24日于京南牛屋

《老牛堂三记》序

　　读者看到拙著，大概首先感兴趣的是，何故曰"老牛堂"？1993年春天，我在写《阿Q的祖先——老牛堂随笔》序时，有谓："浮生难得几回雅，我倒也雅过一回：用'老牛堂随笔'的名义在台湾报纸上辟专栏，并维持了一年多。所谓老牛，此无他，不才属牛，又年过半百，名副其实也；也想借此聊表心迹：继续像老牛一样在文史园地老老实实地耕耘。"一年后的早春，我在自己另一本杂文、随笔集《牛屋杂俎》的序中，加了这样一条注释："不才属牛。童年乡居，随先父恒祥公、母亲曹孺人耕读，与牛同居一室（敝乡称牛屋），自今每一思之，老牛之反刍声、叹息声，犹在耳畔回响；'文革'中遭迫害，蹲'牛棚'达七年之久；近年颜寒斋曰'老牛堂'；不才与牛真可谓拴在一个桩上矣。"我想，看了这一些，读者就会知道本书《老牛堂三记》名称的由来了。有人曾猜测，我在搞自己的牛系列丛书。其实，非也。我喜欢辛辛苦苦、踏踏实实独自牵磨、拉车、耕田的牛，但并不喜欢成群结队打打闹闹的牛，更不喜欢被人拿着鞭子在屁股后面吆喝、抽打，无奈只好连大气也不敢喘、低着头走成系列的牛。今后，我还会出杂文、随笔集，是否还会在书名中以牛字当头？现在很难说，只能且看下回分解了。

大画家黄永玉先生在他的一本画集上写道：本书献给谁呢？这没有心肝的世界，还是献给我自己吧！黄先生是大手笔，不才如我自然不敢作此想。我将本书献给我的本命年。愿牛年大吉：学术界、政界说大话、吹牛皮的人越来越少；像牛一样勤恳耕耘的人越来越多；俺老牛亦垂垂老矣，"世路崎岖难走马"，况老牛乎！牛道难，难于上青天，但愿牛脾气少发。正是：

抬头忽见夕阳天，

转瞬又是本命年。

且喜和风吹绿柳，

抖擞精神再耕田。

是为序。

1997年暮春5月1日于老牛堂

佛头着粪乎？

——《评〈碧血剑〉》序

按照武林中的行话来说，冯其庸大哥拉我入伙，参加由他开山的评金庸小说这宗名山事业，不才虽然不免有几分惶恐，但他比我年长十三岁，不才岂敢抗命？自去年十二月底得令，至今日交差，转瞬间，岁月的江河，已流淌了一百五十余日。其间，我不断忙着别的事，诸如维持在几家报刊上的小地盘——专栏、编了一本自己的随笔集、主编了一套北京地区的学者随笔丛书，为李自成的遇难与人打笔墨官司，等等，真个是忙得脚丫朝天。但再忙，我对评《碧血剑》不敢有丝毫懈怠，断而相续，今天终于画上句号。看着这个圆圈，不仅长舒了一口气，心情之愉悦，真有点类似向老大哥献上一只母鸡刚下的蛋。

这只"蛋"味道如何？老实说，我倒是无所谓。正像不管谁写的小说，一旦面世，只好任由读者评说一样，不才评《碧血剑》的文字，很快面世后，也只好任由读者评说。擦鞋底乎？作为史学家对大作家金庸不够体谅乎？

文学幽默还是尖刻或嘻嘻哈哈乎？听凭读者发落，而且是"广阔天地，大有作为"。

不过，话又得说回来，我当初的"不免有几分惶恐"，并非是纯属多余的假客套。平生舞文弄墨以来，从未评过小说，更遑论武侠小说。虽然金庸是武林宗师，我倒不担心对他的小说评得不好，遭世人佛头着粪之讥。果真如此，也不过是在小说界添了一条倏忽即逝的黑色风景线而已；在遥远的天际，不是固然有五彩缤纷的彩虹时时出现，但偶尔也挂上一条不美的黑龙吗？我惶恐的是：用什么手法来评论？但坦白地说，当我提起笔来，便几乎是不假思索地采用这种办法：跟着感觉走。好在以前我只是随手翻翻《碧血剑》，并不熟悉故事情节、人物命运，现在认真细读，随手写下此时此刻的读后感，可谓与书中人物同命运、共呼吸；或者说对形形色色人物表达我的喜怒哀乐。读者会发现，我的文字有不少前后不一致处，如开始对夏青青、何铁手，几乎骂得狗血喷头，但后来则渐生好感，甚至爱上她们；即使对何红药，开始我对她大肆挞伐，最终也为她的痴情，她的悲剧，深深叹息。

历来对《碧血剑》的评价是贬多褒少。贬得最厉害的是金庸的挚友、冯其庸戏称为"倪无框"的倪匡。见仁见智，他们当然不能牵着我的鼻子走。倘若说，读者人人都是《碧血剑》的裁判官，那么我也不妨当一次裁判：这是一部优秀的武侠小说，尽管它存在严重缺陷。除了塑造出一群栩栩如生、呼之欲出的人物外（主人公袁承志由于作者将他过于理想化、道德化，反而让人摸不着他。这再一次证明，"高大全"式的文学形象非失败不可。金庸也自承"袁承志的性格并不鲜明"），他勾画出明清之交纷乱如麻，犬牙交错、"闹哄哄你方唱罢我登场"的那一页兴亡史、血泪史。但是，由于作者对明末农战史缺乏深入研究，对李自成进京后的种种描绘，是违背历史真实的，整个小说给人以虎头蛇尾、草草收兵之感。就小说体现的历史而论，金庸的成功之处，是在于他有进步的历史观，对明史下了相当功夫；他的不足之处，在于对明末的历史，仍然隔膜。真是"成也萧何，败也萧何"。

我把《碧血剑》当作一座舞台，在上面当票友，唱、念、做、打。每页所写评论文字，有冬烘式的，有杂文、随笔式的，而且作可能只配叫打水的打油诗，"青山易改，本性难移"，难免臭毛病"涛声依旧"：以古讽今，"皮里阳秋"，严肃起来引经据典，开起玩笑来全无正经。我已年届花甲，看来这辈子"改造好"是无望了。

附带说一下：《碧血剑》后所附作者长文，因非小说，而是长篇史学论文。金庸非史学界人士，本着武林惯例，我不应与他过招，故未予置评。尚望读者明鉴，并非不才偷懒也。

读金庸《碧血剑》札记

磨剑十年成大器

童年时读贾岛的名诗"松下问童子，言师采药去。只在此山中，云深不知处"，不禁对云雾深处的千仞高山及隐者，充满了神奇而又迷茫之感。稍长，读武侠小说，尤其读《蜀山剑侠传》，对峨眉山及剑客、剑仙的无限向往，简直不可名状。直到前几年，有机会登上峨眉山巅的金顶，眺望茫茫云海，回想起童年情愫，不禁哑然失笑。近读《碧血剑》第三回，无异于重温我童年的旧梦。这正是包括金庸小说在内的优秀武侠小说的魅力所在。君不见，在常人根本无法攀登，几乎举手可摘星辰、"不敢高声语，恐惊天上人"的高山之巅，穆大侠、木桑老道一庄一谐，向袁承志传授武艺，承志幸何如也！并有救过他性命的哑大汉及两只通人性的猿猴为伴，实在是他的福分。把棋子当作武器，是金庸的一大发明。在远离尘嚣的巨石上、古松下，练棋子、棋盘的攻防不二法门，委实让人眼睛发亮。至于金庸写金蛇郎君绞尽脑汁地设置诡秘、歹毒、神奇的种种机关，是不是"机关算尽太聪明，反误了卿卿性命"？袁承志无意之中发现了机关，从而得到了重宝秘籍，对于已苦学了十年武艺，成了华山派后起之秀的他，究竟有何意义？不过是金大侠祭起悬念的法宝，让读者眼花缭乱，想定一定神，再往下瞧个究竟罢了！正是：

> 莫道居高声自远，
>
> 全仗明师细指点；
>
> 磨剑十年成大器，
>
> 况有金蛇遗宝典！

且看大河浪淘沙

看这第六回书，我们不难悟出，人生的一大悲哀，莫过于梦醒了，无路可走。金蛇郎君行将诀别人世时，才悟出即使用十万两黄金换见温仪一面，又岂可得乎？此君聪明绝顶，但他都不懂这句大俗话：没有钱是万万不能的，但钱不是万能的。清人龚定庵曾说过，愿得黄金三百万两，交尽美人名士，不亦快哉！金蛇郎君已是美人在抱，却不知珍惜，实在是大俗人一个，死不足惜。

世末多丑角，吕七先生就是其中的一个。区区烟袋，拿在手里吞云吐雾，也就得了，却偏要把它当成似乎所向无敌的法宝，结果成了一钱不值的哭丧棒，自己只落得哭丧着脸，夹起尾巴，溜之乎也。此类庸才，并非江湖特产，政治舞台上又何尝少见？正是：

> 手持烟袋丑巴巴，
> 装腔作势有名家。
> 莫道吕七何其多，
> 且看大河浪淘沙！

历史关节仔细看

六十年代，有人发挥著名历史学家陈守实教授（梁启超弟子）的观点，著文论述明末社会矛盾与清初各项措施，认为清初的重大政治、经济措施，解决了明末的社会矛盾，使清初的社会得以稳定，生产力得以发展，从而推动了历史的前进。洪承畴、范文程、冯铨辈，因熟知明朝的症结所在，故各项条陈建议，均能对症下药，被清王朝采纳、施行，因此，他们所起的历史作用，是正面的，应当肯定；清朝人坐稳了江山，修国史时，把洪、范等人列入贰臣传，并不能作为我们今天评价这些人物历史作用的标准。此文作者，在"文革"中由红得发紫、活像从酱缸里爬出来，最后随着"四人帮"的倒台而被扫进历史垃圾箱。但是，不因人废言，我以为此文的根本观点，今天看来，仍是可取的。令人佩服的是，金庸在本回书中，写范文程、宁完我等在盛京宫殿上向皇太极出谋献策，正是从一个独特的视角，展示了这一历史进展的部分面貌。读者看本回书时，不可被刀光剑影沉醉，而忽略了这部分内容。须知，这些才是明清之际历史风云变幻的一大关节也。正是：

> 历史关节仔细看，
>
> 刀光剑影只等闲。
>
> 若知身后贰臣传，
>
> 范文程辈早心寒。

开怀大笑能有几

在香港中文大学举办的首届国际武侠小说研讨会上，有次一位小姐风风火火地赶到会场，很不以为然地说："这样讨论太严肃了！武侠小说是写给读者看的，只要好看就行。"我小声问身边的《明报》记者林翠芬小姐："这位是谁？"她也小声地告诉我："吴霭仪。博士，写社评的。"久闻吴小姐大名，这次总算"闻名不如见面"。当时我心里不很自在：这是学术讨论会，包括我在内的学者，当然要严肃地把武侠小说放到学术层面上讨论。不料后来在晚宴上，倪匡直言不讳地说："我看了会议的论文。真严肃得让人吃不消：武侠小说是写给读者看了玩的，哪有那么多的思想性、学术性，不要去拔高！"现在看来，二位的高论，可谓入木三分。金庸、古龙等写的武侠小说，为什么历久不衰？最重要的一点，还不就是因为好看、好玩么！就这第十回书而言，相当好看、好玩。袁承志与山东帮、河北帮群盗的斗智、斗勇，将他们玩弄于股掌之间，令我多次捧腹大笑。有几处描写，显然采用了电影蒙太奇手法，美轮美奂，精彩之至；而袁承志的掷人、叠箱、登箱等细节的描写，俨然在放卡通片，令我童心复萌，几乎要与青青、阿九一起拍手称快。看过法国电影《勇士奇遇记》吗？这回书，称得上是中国勇士奇遇记，热闹、开心、妙极了！正是：

> 人生识字忧患始，
>
> 开怀大笑能有几？
>
> 刀箭丛中觅欢乐，
>
> 武林金侠谁能比！

五毒苦斗鬼神惊

这第十五回书的最精彩处，恐怕要数五毒之争。中国历史文化太悠久，坏东西、怪东西，几乎与好东西一样，也是源远流长，甚至地久天长。太远的不说，即以宋朝而论，南宋学者曾敏行撰《独醒杂志》卷9载"南粤俗尚蛊毒、诅咒，可以杀人，亦可以救人，以之杀人而不中者或至自毙"，可知宋代南粤蛊毒风行。在明代，蛊毒更形猖獗，有蛇毒、蜥蜴毒、蜣螂毒、草莓毒等若干种，

"食之变乱元气，心腹绞痛，或吐逆不定，面目青黄，十指俱黑"。（明·李乐：《见闻杂记》卷7）但是，蛊毒并非无药可治，全赖如小说所描写的冰蟾解毒、救命。事实上，李时珍的《本草纲目》八，卷4《蛊毒》条中，记录治蛊之药多达一百六十三味，其中颇有神效者。光绪年间申报馆曾做聚珍版印《四溟琐记》，该书卷7，载苗家夜间"放蛊出饮"，竟然"空际如流星闪电"，岂不吓杀人也么哥！而明、清其他一些笔记、野史的记载，蛊之神秘莫测，更使人目瞪口呆。武侠小说往往被人视为作家随意编造的故事。"此邦焉可托？唯有乌托邦。"其实，至少金庸的武侠小说，涉及太多的人文知识。正是：

> 五毒苦斗鬼神惊，
>
> 千年蛊害更揪心；
>
> 绝色教主长已矣，
>
> 孰料贻害直到今？

报国无门谁之过

"老天爷，你年纪大，耳又聋来眼又花。你看不见人，听不见话。杀人放火的享着荣华，吃素看经的活活饿杀。老天爷，你不会做天，你塌了罢！老天爷，你不会做天，你塌了吧！"（清初·艾衲居士：《豆棚闲话》卷11）过去，某些史家曾大肆歌颂这首"歌谣"是明末农民的"革命歌谣",反映了农民所谓"塌天改世"的"哲学思想"。我曾著《〈边调曲儿〉辨》(见拙著《明清史散论》)一文驳诘。读了本回书中被大顺军搞得家破人亡的老妇的悲愤呼号,更使我坚信,这是一首咒骂农民军的民歌式的诗。李自成既向封建皇帝转化,一部分部下既已干着杀人放火的勾当,百姓为什么不能痛骂?我以为,老妇骂得好!而且我相信,博学多才的金庸所写的老妇的控诉,与这首《边调曲儿》何其相似乃尔,他肯定是从此《曲》顺手拈来,化为"散文"的。事实上,四十年代有人曾将此《曲》谱曲,改名《老天爷》,用以发泄对当局的愤懑。金庸当时正风华正茂,对此歌当耳熟能详。

全书归结为袁承志等心灰意懒,去国远行,让人感慨万千,诚然,"道不行,乘桴浮于海",这是我们的老祖宗提倡过的,原本无需大惊小怪。但回首古月今尘,有多少志士仁人乘桴而去?即以金庸本人而论,五十年代初,不是也曾满怀报国志,北上京华,想在外交界一显身手吗?结果是被拒红门,只好再次"乘桴浮于海",凭着他的天资英发,勤苦不懈,终于成就了一个金色的金庸。

我为袁承志掷笔长吁。金庸并没有把他去国前悲愤、无奈的心情充分描绘出来,未免太惜墨如金。明代大手笔屠隆写过一曲《大江东》,抄录如下,或可形容袁承志心情于万一:

骇世路，羊肠太行。论人心，罗刹瞿塘，委实难防。狠戈矛，从容笑里藏；毒羽箭，一霎间中放；黑漆漆装下了陷人坑，响当当直说出瞒天谎！那里讨一副奸人面孔，高力士肚肠？直弄得人裹鸱夷饮剑铓……

（屠隆：《娑罗馆逸稿》卷1）

正是：

全书一曲浪深沉，

长江黄河水不停。

报国无门谁之过？

挥泪行行复行行……

霜欺雪压见精神

"霜欺雪压见精神",这是前人题在修竹图上的诗句。近读《光明日报》老编辑、高级记者张安惠的新著《往事知多少》(新华出版社出版),不禁想起了这句诗。她比我年长九岁,称得上是老大姐。虽说她年近七十,面容清癯,身材瘦削,但说话、做文、办事,仍然风风火火,如同一首歌所唱的那样,"我心依旧"。

张大姐这样好的精神状态,从何而来?我以为,正是源于"霜欺雪压"。

她十三岁时,父母双亡,和三个弟妹成了孤儿。贫困像一张无形的网,缠得她透不过气来。所幸她进了流亡学校,终于活下来,并有书读。抗战时期流亡学校的艰辛,现在的青年是难以想象的。她在书中写道:"学校没有医生护士,连碘酒、红药水这最一般的救护药品也没有,生了病,只有'扛'着。学校的伙食差,同学们普遍生疥疮,奇痒无比。疥疮红肿化脓,没有药怎么办,我们就少吃两口稀饭,蘸些稀饭在化脓的疥疮创面上,因稀饭滚烫且有盐,烫能止痒,盐能杀菌……学校养了几条大黄狗。清晨，狗如啼哭，同学们则怕，因为，每次狗一哭，就死人。这是迷信，又似乎不是迷信。"呜呼，校门闻犬吠，黄泉添新鬼。这是什么样的学习环境呵！但是，正是在这样的环境里，她凭借坚韧不拔的毅力，读完中学，又上了大学。"十年树木，百年树人。"一个孤女，经过在贫困线上的十年挣扎，宛如一棵黄巴巴的小竹，栉风沐雨，终于长成挺拔傲立的劲竹了。幸运的是，随着重庆的解放，她踏上新闻战线，开始了记者生涯。不久，她找到了终身伴侣高丽生——一位当年《晋绥日报》的骨干、后来主持过几家大报编务、德才均优的老同志。

但是，这对互相敬重、相濡以沫的夫妻，并未能相伴终生。六十年代后期越来越"左"的妖风，使他俩深受其害，而"文革"的狂飙，终于使她家破人亡。康生一手炮制的小说《刘志丹》事件，使时任《工人日报》社长的高丽生遭受严重迫害，"文革"开始后，更升级为"反革命"，张安惠也被打入"牛棚"。他们的独生女儿高迟，此时还在幼年，"因红卫兵不许黑帮家里用阿姨，托儿所也不收黑帮子女"，他俩只好托保姆将高迟带到江南的乡下去。张大姐在书中写道："丽生想得周到，将我的弟弟、妹妹的照片找出来，并在照片的背面写上他们的姓名、单位、地址，并嘱咐谭阿姨，等平静了，必要时她可领高迟去找她的舅舅和姨姨……他不忍父女离别，几十年来第一次哭了。"杜甫有诗曰："死别已吞声，生别常恻恻。"这样的情景，真使人不忍卒读。她作为一个母亲，在饱受与幼女生离的煎熬后，1974年，在萧瑟的秋风中，又作为妻子，遭受了高丽生含冤病逝的死别之痛。"辗转兰床独抱衾，起来重读柏舟吟。月明霜冷人何处？影薄灯残夜自深。入梦相逢知不易，返魂无术恨难禁。哀思唯奋酬君愿，报国何时尽此心！"这是何香凝老人悼念廖仲恺先生的名诗。张大姐肯定熟悉这首诗；当时，她从此诗中，当激起多少感慨！

但是，历史毕竟很快将黑暗的一页翻过去。"报国何时尽此心"——"四人帮"粉碎，此其时矣。张安惠勤奋地工作着，退休后，仍白发打工，为《中华英才》杂志编稿、组稿，写出了一篇又一篇人物采访记，构成了《往事知多少》的下半部。这些文章的特点，我看与书中前半部回忆录一样，可用八字概括：朴实无华，有血有肉。

是的，这本书中没有时下某些畅销书中的杂事秘辛、稀奇古怪、互揭隐私、嬉皮笑脸之类。这是一本严肃的作品。但我相信，前述那类作品，尤其是靠传媒在亿万人中"混个脸熟"者写的哗众取宠文字，很快就会随风而逝。而《往事知多少》，正因为有那样的八字特点，不但值得今人一读，而且也值得后人一读的。

生于忧患，死于安乐。艰难使人玉成。透过张大姐的种种往事，我再一次领悟了这些古老格言的魅力。我以为，张大姐这种在"霜欺雪压"中崛起的自强自立、敬业不懈、老而弥坚的精神，是很宝贵的。

1997年10月12日于牛屋

功夫文章学子书

这是一句老话。1989年秋，当时我并不相识的武汉高战先生，在报上著文，用此话作标题，肯定我的一本书，很令我感动。午夜梦回，我不免暗自心惊地反问自己：我当得起这样的盛誉吗？这不时的反问，至少也可以减少自己的文人的通病，每每三分得意，便七分轻狂。平心而论，时下著述多如牛毛，但能当得"功夫文章学子书"这七个大字的，恐怕充其量也不过是万分之一。近读陈学霖教授的新著《明代人物与传说》（香港中文大学出版社出版），我觉得用"功夫文章学子书"评之，他是当之无愧的。

此书由《明太祖文字狱案考疑》《明初都督宁正父子传记辑补》《〈明史·徐贲传〉纠谬》《刘伯温建北京城传说探赜》《〈莫武神·永乐像〉传说溯源》《王景弘下西洋之史事与传说》《李贤与"土木之役"史料》《漆工杨埙事迹考述》《暹罗贡使"谢文彬"事件剖析》十篇学术论文组成。即使是史学圈外的人，看了这些文章的标题，也能感受到其学术分量。这些论文虽然都发表过，但此次结集前，每篇都经过著者的修订和润饰，而有几篇文章，由于新史料的发现，著者更做了大幅度的增删改动，充分显示出孜孜不倦、一丝不苟的严谨学风。

学霖先生的这些研究成果，对明史学做出了重要贡献。例如，海内外有相当一批明史著作，包括影响巨大的吴晗《朱元璋传》，述及明初文字狱，都依据赵翼《廿二史札记》《明初文字之祸》等资料，说朱元璋炮制"表笺之祸"，在名士徐一夔、释来复等所上表章或诗文中，寻寻觅觅，因文字声音触犯朱元璋对"僧"或"贼"等词忌讳，如以"则"嫌于"贼"，"生知"嫌于"僧知"，"法坤"嫌于"发髡"等而惨遭杀戮，并由此而给朱元璋下结论："其初学问未深，往往以文字疑误杀人"。学霖先生对此未敢轻信。他旁征博引，钩稽史实，以史源学为突破口，发现此类案件，明初文献并无记载，嘉靖以后的野史稗乘，才议论纷纷，而到万历末年的《国朝谟烈辑遗》则更写得有鼻子有眼，像煞有其事，至清人赵翼的《廿二史札记》则已集大成，俨然定谳。经学霖先生考证，徐一夔寿终八秩，何尝死于明太祖刀下？来复涉嫌与胡惟庸同党而死，亦与文字狱无关。如此等等，所举证据，均确凿、过硬，堪称铁板钉钉，有力地廓清了明初史研究中的几重迷雾。犹忆十几年前，明史学界的老前辈王毓铨教授访美归来，示我以学霖先生这篇大作的油印本，研读之后，茅塞大开，始知海外对此类问题，五十年代初即已注视，而以学霖先生用力最勤，故成果最丰。正是在这篇佳作的启迪下，我也开始考辨明初文字狱某些史料的真伪，写了《明初二高僧史迹考析》（参见拙著《明清史散论》），纠正了《七修类稿》的相关谬误。学霖先生的其他论文，或考辨，订《明史》《明通鉴》之讹，或钩沉，使湮没不彰的人与事，重见天日，如指出在土木之变中，图谋行刺王振者为李贤，弘扬漆工杨埙在中国漆艺史上的独特地位等，无不显示出他治明史的深厚功力。同样引人注目的是，学霖先生用第三只眼睛看明史。这指的是他以社会学、民俗学、宗教学的独特视角，审视刘伯温建北京城的传说，小中见大，指出传说故事虽然荒诞不典，但从中仍可窥知某些蒙古习俗、明初在北京和南京建城的史实，以及蒙汉两族民族传说的相互交流，显然具有重要价值，值得史家垂注。"它山之石，可以攻玉"，这样的研究方法，是值得我们借鉴的。我以为，此文与他在1970年发表的研究《烧饼歌》的大作，有异曲同工之妙。

陈学霖教授原籍广东新会，1938年生于香港，后负笈美国普林斯顿大学，获哲学博士，专攻宋元明史，著有中英文《宋史论集》《刘伯温与哪吒城》等十种，可谓著述宏富，学如积薪。他是个拾薪不辍者，厚积薄发，与轻薄为文者有天壤之别。几十年来，为了史学，他常年远离在美国的妻儿，先后在澳洲、新西兰、日本，以及香港、台湾等地讲学、研讨,牺牲了不少亲情。"道路随缃帙,乾坤到彩毫,丁年无旷日,乙夜有燃膏。"(李因笃:《顾亭林先生二十韵》,《寿祺堂诗集》卷6)学霖先生正是这样一位勤奋、坚韧的史学家。

虎年2月24日于老牛堂

周恩来的一篇佚文

　　1939年2月23日，周恩来到皖南泾县云岭新四军军部，代表党中央，做新四军政委项英的工作，传达了中共六届六中全会精神。他指出新四军发展根据地的方针是"向北发展，向东作战，巩固现在根据地"。3月14日离开。在此期间，他得悉新四军的高级干部邱金声已病逝、肖国生已牺牲，甚感悲痛。邱金声是福建人，任三支队老三团政委，1939年积劳殉职，时年二十七岁。肖国生，湖南浏阳人，任一支队老二团政治处主任。他1930年参加红军，1933年入党，经过三年游击战争，历任宣传员、队长、秘书、宣教科长等职。1939年3月在镇江、句容间上下会白兔（按：地名）战斗中牺牲，年仅二十二岁。陈毅在《纪念我们的死者（抗战二周年感言）》一文中，曾写道："我们永远不要忘记的第一点是本军先烈们的牺牲，大多经过肉搏的最后阶段……肖国生同志牺牲在白兔战斗，那次更有许多肉搏的场面，我们的指战员在弹尽援绝之际，最后以肉搏殉国。"由此我们不难想见肖国生牺牲时的壮烈。不知是出于新四军领导人的请求，还是周恩来自己慨然命笔，他于3月13日，写了《纪念邱金声肖国生两同志》一文，署名周恩来，文字不长，现照录如下：

我此次初到新四军，便听见邱金声同志的死耗，将要离开新四军，又得到肖国生同志的哀音。邱同志是积劳病死于医院，肖同志是奋勇战死于沙场。前者是新四军的副团长，后者是团政治处主任。他两人之死，代表了一年来新四军无数英勇烈士的牺牲，代表了新四军高级干部奋斗牺牲的领导精神，更代表了多年奋斗至死不息的革命者的意志，不畏强寇勇往直前的青年政工人员的模范。两同志虽死，他们的精神永耀照于新四军，光辉于全民族。他们的血迹，有全国的抗战将士踏着前进。他们的事业，有全国的爱国同胞接续在做，中华民族是不会亡的。两同志的精神永远不死。

二八，三，十三。

此文虽然不足三百字，但气势雄浑，对两位战友的牺牲精神及光辉意义，做出了高度评价，这对新四军将士，显然是有力的鼓舞。1942年7月7日，正值抗战五周年纪念日之际，新四军政治部拟搜集该军殉国抗战将士生平史实，及历年纪念他们的文章，汇编成书，得到了陈毅军长及政委饶漱石的支持。次年9月编成，该月12日，也就是新四军建军六周年纪念日，陈毅写了序，饶漱石则在10月1日写了《追念我们的先烈》一文，作为序二。这本书分"题名录""纪念文汇"二大部分，铅印竖排，全书约154页。周恩来的这篇文章，即刊于本书的第58页。文前还刊有陈毅写的《追悼模范政工人员——肖国生》及《传略》。我藏有此书，惜缺封面及封底，姑且以《革命烈士纪念文集》名之，待查证。半个多世纪过去，此书已成珍贵革命文物。近日我托人询问中央文献研究室研究周恩来生平的专家，得悉他们也未见过此书，自然也从未见过周恩来的这篇佚文。现在我将此文介绍给广大读者，并借以纪念周总理的百年诞辰。为了我们的国家、民族，先烈们的舍生忘死、鞠躬尽瘁精神，是永远值得后人缅怀、景仰，并发扬光大的。

1998年3月3日于京南

"沉舟"浮出水面

——读向阳湖书二种

"沉舟侧畔千帆过，病树前头万木春。"这是中唐诗人刘禹锡《酬乐天扬州初逢席上见赠》诗中的名句。犹忆"四人帮"被粉碎、结束了给中华民族造成空前浩劫的"文化大革命"后，不少人都喜欢吟诵这二句诗，庆贺制造黑暗者已被钉在历史的耻辱柱上，迎接我们的是万木争荣的无限春光。但是，学术界、文化界的有识之士，并没有一味地陶醉在春光里。他们坚信必须将"文革"置于理性审判台前，对其产生的土壤、沉痛的教训，进行历史的、多层面的反思。否则，谁又能保证摧残春天的那种严寒永远不再来？二十多年来，若干有心人，一直以各种方式，克服重重障碍，在从事这项工作。其实，形象地说，他们干的就是打捞"沉舟"、医治"病树"。如果不打捞"沉舟"，找出"沉舟"沉没的原因、教训，"侧畔千帆过"的船队，仍会有下沉的危险；而不医治"病树"，查明病因，参天大树仍有枯萎的可能。近读李城外同志编著的《向阳情结——文化名人与咸宁》（上）

及《向阳湖文化人采风》（上）（均由人民文学出版社出版）这二种书，我深感城外就是一位孜孜不倦的打捞向阳湖"沉舟"的人，而且可喜可贺的是，经过多年努力，"沉舟"已经浮出水面，这二种书的出版，便是明证。

向阳湖位于湖北咸宁，就是古代赫赫有名的云梦泽。在"文革"中期，从1969年至1973年，文化部在此设立"五七干校"，先后聚集了六千多名干部及家属，一边劳动，一边"斗、批、改"。真可谓"向阳湖畔凄凉地，风雨五年置此身"。当时，"五七干校"遍布国中，但今天看来，没有一处干校能够具有向阳湖干校广泛、深远的影响。这是因为，在文化部干校内，文化名人荟萃，作家冰心、曹禺、张光年、陈白尘、沈从文、萧乾等，在国内外具有广泛的影响；而单士之、朱家溍、顾学颉、王利器等，则是公认的文物专家、古文献及古典文学研究家。应当说，他们都是国宝级人物。他们在向阳湖度过的朝朝暮暮，经历过的风风雨雨，遭受过的屈辱、损害，以及抚慰过他们受伤心灵的鄂南山水、明月清风、朝露夕晖，特别是贫苦农民那份淳朴、真挚的情谊，他们不会忘记，历史更不应忘记。多年来，李城外在繁忙的行政工作之余，积极组织当年的向阳人写回忆录，陆续在《咸宁日报》或别的报刊发表，现在汇编成册，这就是《向阳情结》一书的由来。书中有萧乾、臧克家、张光年、楼适夷、韦君宜、牛汉、陈早春等三十五位著名作家、学者的回忆文章，这是研究"文革"的珍贵文献；而这些文章，又由于出自大家手笔，情文并茂，行云流水，读来令人或笑，或哭，或哭笑不得，实在是文学的珍珠滩。

《向阳湖文化人采风》，是李城外多次风尘仆仆，在京中采访冰心、楼适夷、张光年、萧乾和文洁若夫妇、周巍峙、严文井、陈原、张兆和、牛汉、吴雪等三十多位著名文化人的访问记。这些文章文笔清新，是很好的散文。城外不仅忠实地记录了他们对向阳湖如梦往事的回忆，不管是不堪回首，还是蓦然回首，既是为历史作证，更是斜阳系揽；须知，其中不少人已是风烛残年，时不我待。端详本书所刊四十多幅彩色照片，我不胜感喟。冰心老人、曹禺先生、楼适夷先生、韦君宜先生的照片，都是他们住在医院里，由李城外摄的。冰心老人与本世纪同在，是中国文坛的幸福；曹禺先生亲笔为《向阳情结》题签，却未等到此书出版，即遽归道山；而小说家、编辑家韦君宜，她只能躺在病榻上艰难地读报，令读者心酸。显然，李城外的这些采访，可以说是一种文学、史学的抢救活动，功不可没。

"沉舟"浮出水面，这对文学界、现代史学界、政治文化界，都是一件令人瞩目的幸事。我们应当为脚踏实地、锲而不舍打捞"沉舟"者李城外及大力支持他的咸宁地委，及文坛前辈们，表示祝贺与感谢。愿有更多的志士仁人参与打捞"文革"的"沉舟"，根本目的当然只有一个：神州纷纷"沉舟"、参天大树日渐凋零的噩梦，永远不再来，而千帆竞发，万木交辉的美景，永远伴随我们走向未来！

3月16日于京南牛屋

一本奇特的伪书

明代万历年间，有一本颇引人入胜的奇书，在士林间悄悄流传；书前有因嘉靖大礼议案而遭贬斥云南的大名士，也是大学者杨慎的题词，说是得于安宁州土知州董氏家，是海内孤本，书名叫《汉杂事》，一卷，但卷首又有"秘辛"二字，故名《汉杂事秘辛》。杨老先生还特别指出，书中"吴某入后燕处审视一段，最为奇艳，但太秽亵耳"，这就越发激起读者的好奇心；好睹秘辛、奇艳，乃不少文人之常情也。因此，读者争相传抄，嘉兴的包衡先生购得一本，视为珍宝，准备除夕时"聊当椒盘"。刚好有友人来，见之大喜，便将此书介绍给沈、胡两位先生，刻入《秘册汇函》，从此更是不胫而走，影响深远。时人谢肇淛赞不绝口，谓："叙女宠者，至《汉杂事秘辛》极矣……所谓'扪不留手，火齐欲吐'等语，当与流丹浃藉竞爽，而文采过之……此等文字，今人不能作也。"（《五杂俎》卷8）显然，他认为《汉杂事秘辛》确实出自汉朝人的手笔。直到近代，一些学者仍对之很赏识，甚至连学术大师梁启超老先生，也一度把它当作汉代野史看待。已故史学家陈登原教授早年著的《中国妇女生活史》，曾引用此书的内容，论述汉代妇女情状。然而，这本书却是一本伪书，它的作者不是汉代某氏，而正是杨慎本人。

让我们先看一看《汉杂事秘辛》的主要内容，本书写的是东汉梁冀家事，其时汉桓帝选妃，看中了梁大将军的小姐梁莹，由皇太后派一个保姆，去检查梁小姐的身体，不仅让梁莹脱光衣服，对她身体的各部位长度做了记录，如"自头至底长七尺一寸，肩广一尺六寸，臀视肩广减三寸，自肩至指长各二尺七寸"等等，更仔细观察了梁小姐的肌肤、私处，但见"肌理腻洁，拊不留手，规前方后，筑脂刻玉。胸乳菽发，脐容半寸许珠，私处坟起。为展两股……此守礼谨严处女也"。桓帝听了情况汇报后，很满意，遂迎梁莹入宫，册立为懿德皇后。这个故事不仅富有传奇色彩，对裸女的描绘，更摇人心目。但稽诸学术史，就会发现破绽：传奇乃唐、宋始有的文学形式，东汉何能有？对裸女的刻画入微，也是唐、宋以后，特别是明朝才有的事，汉代不会有。更明显的是，书中还写了梁莹的缠足状，而缠足（俗称裹小脚）是五代以后才有的陋俗。明代学者胡震亨等人，更从制度、仪礼等方面，指出书中的一些记述，与汉代实际情况不符。后来，沈德符终于揭穿了事实真相，指出："近日刻《杂事秘辛》……以为始于东汉。不知此书本杨用修伪撰，托名王忠文得之土酋家者。杨不过一时游戏，后人信书太真，遂为所惑耳。"(《万历野获编》卷23) 六十多年前，梁启超在清华研究院授课时，在坦承上当后，即指出："此书疑即晚明时杨慎用修所作。杨老先生文章很好，手脚有点不干净，喜欢造假。"(《古书真伪及其年代》) 当然，伪书不等于废书。用《汉杂事秘辛》研究汉代，那实是笑话；但用以研究明代的文化史，还是很有价值的。

防骗奇书：《杜骗新书》

　　德国的大哲学家黑格尔曾经说过：人与人之差，甚于人与猿之差。看来，只要有人类的地方，不管是什么样的社会制度，总会有大大小小、形形色色的骗子活动着，以及上上下下、多数可怜而值得同情，少数并不可怜因而不值得同情的受骗上当者。社会前进的脚步，总是伴随着正、反、合的节拍。有正必有邪，有邪必有正；一种思想存在，必有另一种相反的思想产生，与之对立。因此，既有骗人之术危害社会，必有防骗之术净化社会。好多年前，我就曾经想过：我国的古书汗牛充栋，甚至连强盗、骗子都写过专书，如明朝万历年间江南的大盗邱老四，就写过强盗经《胠箧秘诀》，某些文人称之为《暴客阴符经》。（见明人徐复祚《花当阁丛谈》卷7）一定会有有识之士，写过揭穿骗子伎俩、擦亮人们眼睛、防止上当、杜绝骗术的书。后来从一些书目上，果然看到有一本，叫《鼎刻江湖历览杜骗新书》，计四卷，题作清朝人张应俞撰，日本昭和五十年，京都大学人文科学研究所曾用东京内阁文库藏存仁堂陈怀轩刊本影印；

而同书又有更早的版本，名《江湖历览杜骗新书》，仅一卷，也题作清人张应俞撰，由五濑龟贞训译，文政元年皇都书林菱屋孙兵卫刊行。（见《京都大学人文科学研究所汉籍目录》）可是，我一直没有机会读到这本书。我查了国内的一些大图书馆的藏书目录，并请友人杨志清先生代查，迄无结果，但是，真可谓踏破铁鞋无觅处，得来全不费功夫。去年秋天，美国加州大学研究中国历史的万志英副教授（Richard Von Glahn）来访，交谈中，说起我正在写作《明代商业文化初探》的长篇学术论文，论文虽已写完，但感到对明朝骗子危害商业的行径揭露不够时，他微笑着，从旅行包中取出一本复印本的书，顿使我眼睛一亮，原来正是《杜骗新书》！而全称则是《新刻江湖历览杜骗新书》，题作浙江夔衷张应俞撰。这位碧眼、大胡子的万博士，曾多次到日本和台湾看书。他告诉我，他曾在东京大学东方文化研究所看到万历刻本的《杜骗新书》，那么作者当然是明朝人，而不是清朝人。蒙万博士慨允，我将此书复印，快读一遍，不时发出会心的微笑。可以毫不夸张地说，此书真让人拍案称奇！

奇在何处？

奇就奇在：《杜骗新书》形象、真实地反映了明朝中叶后光怪陆离的骗子，及五花八门的骗人勾当。随着社会经济的发展，商品流通日趋活跃，明朝到了正德、嘉靖、万历时期，人们的商业活动参与意识，普遍大为提高，上至皇帝、宦官、大臣，下到士兵、百姓，都积极经商，世人遇到一件物品，开口就是："有便宜的吗？"当时有位姓沈的书生曾不胜感慨地说："汝家要便宜，却不顾这家失便宜。"（见明人丁元荐：《西山日记》卷下）大家都想"占便宜"的结果，导致更多的人离乡背井，投入走南闯北的商业大军的行列；另一方面，应运而生，社会上形成一支庞大的江湖客，如侠客、光棍、游方光棍、游嘴光棍（大体类似今日流氓、混混）、骗子、乞丐群落、小偷、强盗、三姑六婆，等等。他们中的绝大多数人，用各种不正当的手段谋生，其中危害最大的，是出没江湖，随处可见，披着各种外衣，有多种面孔的骗子。所谓"我家田地在江湖，不用耕兮不用锄，说话未完苗已秀，再谈几句便收租"。（见《江湖切要》卷首诗。按：此书成书于康熙初年，记载的大多数为明朝江湖黑话，小部分是清朝江湖黑话。）简直就是这些骗子的江湖宣言。你看，不耕不锄，话还没完苗已长成，再谈几句，田租居然已经到手！这种专做无本生意的江湖耕耘客，除了一个骗字外，哪里还有其他。他们的种种鬼蜮伎俩，不仅使很多人——特别是那些初涉江湖，社会阅历太少的人上当受骗，更毒化了社会，使流氓意识恶性膨胀，在各个阶层蔓延。而《杜骗新书》，虽然全书仅三卷，却按照骗子的行为方式，分成二十四个门类，即脱剥骗、丢包骗、换银骗、诈哄骗、伪交骗、牙行骗、引赌骗、露财骗、谋财骗、盗劫骗、强抢骗、在船骗、诗词骗、假银骗、衙役骗、婚娶骗、奸情骗、妇人骗、拐带骗、买学骗、僧道骗、炼丹骗、法术骗、引嫖骗，真是洋洋大观，把骗子们一个个揪到阳光下示众，使他们原形毕露。值得注意的是，本书在书目上列为小说类，而古代小说的概念，比今天杂泛得多。严格地说，本书类似今天的法制纪实文学，或法律故事汇编，以后者更近似。书中所述，并非张应俞凭空杜撰，都是有事实根据的。看来，这些故事的来源有二：一是社会新闻，二是文献（包括文集、笔记、邸报等）。书中所说的一些人和事，今天我们还能找出原始记载。如卷2写唐伯虎、祝枝山等至扬州骗盐使的钱，见于《自醉言》等书，文字也基本相同。又如紧接这则故事的，是陈全骗妓的故事，陈全虽然并非大名人，但也是实有其人的。此公是南京人，很聪敏，喜欢浪游。有一天他误入禁地，被太监抓住，陈全跪下说："小人是陈全，祈公公见饶。"太监听说陈全很会说笑话，便说："你可以说个一个字的笑话，如果能让我笑，方才放你。"陈全立即说："屁。"太监说："这是什么意思？"陈全答道："放也由公公，不放也由公公。"太监听后哈哈大笑，便把他放了。［见明人冰华生（即江进之）《雪涛小书》］显然，本书关于陈全骗妓的故事，不会是空穴来风。

十分难得的是，本书的每则故事后面，都附有张应俞写的评论。他用朴实无华的笔墨，分析这则故事中骗子所用的手法，以及被骗者应当吸取的教训。他告诫世人要谨防上当受骗的拳拳之心，真是溢于言表。

还应指出的是，本书对研究明代社会生活史、经济史，尤其是明代商业史，具有很高的史料价值。书中对牙行的经营方式、各种物价的记载、各地——特别是南方的贸易情形等等，应当引起学者们的重视。我的同事许敏女士是研究明朝铺户的，看了本书，喜出望外，抄了不少卡片，本书的学术价值，可见一斑。

令人遗憾的是，本书撰者张应俞的生平，还有待详细考证。他是浙江何处人？夔衷是何地？我曾请教专攻历史地理学的专家、学者，但至今还没有答案。从本书的各条评论可以看出，张应俞是怀有正义感，并有强烈社会责任心的下层知识分子。他憎恨贪官污吏，同情小民百姓，而对江湖骗术，深恶痛绝。他既不信鬼神，也不信歪门邪道。从全书看来，尽管他不断揭露骗术，及与之相关的各种丑恶行为，但他的情操是高尚的，并不采取自然主义的手法，去津津乐道犯罪细节，对淫秽行为绘声绘影。因此，用今天的话说，张应俞笔下不涉黄。明中叶后，统治阶级上层人欲横流，淫乱不堪，社会风气腐败，对比之下，张应俞真可谓众醉独醒，出淤泥而不染了。也正因为如此，他写的这本书，才会成为严肃的、有益于世道人心的好书。当然，作为古代文化载体的古书，毕竟是古代特定时期的产物，即使是一本好书，就像今天我们打捞起古代的沉船一样，尽管装满财宝，但也难免夹有泥沙。本书中的"尼姑撒珠为奸媒"的故事，今天看来就不大适合再向读者推荐。

骗子自古有，于今为烈。近几年来，伴随着商品经济的发展，历史上的沉渣重又泛起，形成一大批新的江湖客，用各种骗术，上坑国家，下坑百姓。但是，尽管他们的欺骗活动的内容，与几百年前有所不同，但大体而言，手法却是一脉相承的，无非是"黑漆漆装下了陷人坑，响当当直说出瞒天谎"。因此，希望国内出版家能将此书重梓问世，这对于我们识别今天的江湖骗子，无疑是有很好的借鉴作用的。

1992年5月6日于京西八角村

药名闲话

　　我国的中药，历史悠久。旧时知识分子的特点之一，是亦儒亦医，哪怕是三家村的私塾先生，也往往懂得望、闻、问、切，开药方。中药与人们的社会生活密切相关，在文化上也就必须有生动的反映。药名隐语及药名对联、书信、诗歌、散文等等，构思之奇特，用词之精巧，往往使人惊叹不已。

　　中药隐名，起源很早。唐代元和年间，有位叫梅彪的文人，"所集诸药隐名，以粟、黍、荞、麦、豆为五弟"。（明·李儒：《水南翰记》）不知道梅彪集药，何以隐名？也许是保密，也许是故弄玄虚。而明清一些江湖医生，将中药隐名，"不过是市语暗号，欺侮生人"。（明人小说《生绡剪》第九回）但虽然如此，他们所作的隐名，也真是挖空心思，居然还颇有文化气息。如：恋绨袍（陈皮）、苦相思（黄连）、洗肠居士（大黄）、川破腹（泽泻）、觅封侯（远志）、兵变黄袍（牡丹皮）、药百啮（甘草）、醉渊明（甘菊）、草曾子（人参）等。

　　常言道：人间最苦是相思，此病难用药石医。明清之际的作家周清原，在《西湖二集》第十二卷中，却偏偏用几十味中药名，描写一位小姐几乎病入膏肓的相思病："这小姐生得面如红花，眉如青黛，并不用皂角擦洗，天花粉傅面，黑簇簇的云鬓何首乌，狭窄窄的金莲香白芷，轻盈盈的一捻三棱腰。头上戴几朵颤巍巍的金银花，衣上系一条大黄紫菀的鸳鸯绦，滑石作肌，沉香作体，上有那豆蔻含胎，朱砂表色，正是十七岁当归之年。怎奈得这一位使君子、聪明的远志，隔窗诗句酬和，拨动了一点桃仁之念，禁不住羌活起来……怎知这秀才心性芡实，便就一味麦门冬，急切里做了王不留行，过了百部……看了那写诗句的藁本，心心念念的相思子，好一似蒺藜刺体，全蝎钩身。渐渐的病得川芎，只得背着母亲，暗地里吞乌药丸子。总之，医相思没药，谁人肯传与槟郎……"真是妙趣横生，令人忍俊不禁。古人亦有作诗排律隐药名者，如李在躬《支颐集》中有首《山居即事》："三径慵锄芜秽徧（生地），数株榴火自鲜妍（红花）。露滋时滴岩中乳（石膏），雨过长流涧底泉（泽泻）。闲草文词成小帙（藁本），静披经传见名贤（使君子）。渴呼童子烹新茗（小儿茶），倦倚薰笼炷篆烟（安息香）。砑为多研常讶减（缩砂），窗因懒补半嫌穿（破故纸）。欲医衰病求方少（没药），未就残诗得句连（续断）。为爱沉潦千顷碧（空青），频频搔首向遥天（连翘）。"（清·褚人获：《坚瓠集》癸集）我想，只要略具备中药和古典文学常识的人，读了这首诗，是会感到别有一番情趣的。

看来，古往今来，最擅长药名文学的，当推宋人陈亚。他是扬州人，仕至太常少卿，年七十卒。陈亚颇幽默，被时人目为"滑稽之雄"。他写过一百多首药名诗，传颂一时。如"风月前湖近，轩窗半夏凉"，及《赠祈雨僧》"无雨若还过半夏，和师晒作葫芦耙"之类，皆脍炙人口。陈亚还另作药名《生查子·闺情》三首，深沉婉约。其一："相思意已深，白纸书难足。字字苦参商，故要槟郎读。分明记得约当归，远至樱桃熟。何事菊花时？犹未回乡曲。"其二："小院雨余凉，石竹生风砌。罗扇尽从容，半下纱厨睡，起来闲坐北亭中，滴尽真珠泪。为念婿辛勤，去折蟾宫桂。"其三："浪荡去未来，踯躅花频换。可惜石榴裙，兰麝香销半。琵琶闲抱理相思，必拨朱弦断。拟续断朱弦，待这冤家看。"显然，这三首"生查子"，都称得上是绝妙好词。陈亚曾夫子自道："药名用于诗，无所不可，而斡运曲折，使各中理，在人之智思耳。"（宋·吴处厚：《青箱杂记》卷1）这可以说是他对写药名诗的经验总结。

明代流行的药名民歌，不仅深得药名诗的此中三昧，且因其桑间濮上之风，而更通俗、形象，流传的范围也就更加广泛。现聊举三首，以见一斑。其一："红娘子，叹一声，受尽了槟郎的气。你有远志，做了随风子，不想当归是何时？续断再得甜如蜜，金银花都费尽了，相思病没药医。待他有日的茴芎也，我就把玄胡索儿缚住了你。"其二："想人生最是离别恨，只为甘草口甜甜的哄到如今，因此黄连心苦苦里为伊担闷。白芷儿写不尽离情字，嘱咐使君子切莫作负恩人。你果是半夏的当归也，我情愿对着天南星彻夜的等。"其三："你说我负了心，无凭枳实，激得我蹚穿了地骨皮，愿对威灵仙发下盟誓。细辛将奴想，厚朴你自知。莫把我情书也，当作破故纸。"（明·冯梦龙：《挂枝儿》"想部"三卷）冯梦龙评价这三首民歌"颇称能品"，当然是再恰当不过了。

今人精于此道者日稀。前年《上海中医药报》曾刊出安徽潜山县汪济老先生的《致在台友人》书，内含六十余味中药名，谓："白术兄：……今日当归也，家乡常山，乃祖居熟地……昔日沙苑滑石之上，现已建起凌霄重楼，早已不用破故纸当窗防风了，而是门前挂金凤，悬紫珠，谁不一见喜？……令堂泽兰婶虽年迈而首乌，犹千年健之松针也。唯时念海外千金子，常盼全家合欢时……弟杜仲顿首。"通篇幽默风趣，堪称佳作。不过，环顾文化界，精通中药名者日少，能作古诗词者也屈指可数，我担心上述中药名的文学作品，恐怕会渐成绝响。

思之不禁怅然。

话腰带

　　世界上有各种各样的腰带，孤陋寡闻如我，见过的腰带中，寒碜的，莫过于在寒风中瑟瑟发抖的乞丐，以草绳束腰御寒；通常所见，则多为皮带、绸带、布带、人造革带，颜色则黑、红、蓝、黄、白等皆有，最近国内流行一首名叫《西北汉子的红腰带》的歌曲，不失为是对喜欢红腰带的黄土高原男子汉的赞歌；而金腰带、银腰带、玉腰带，只能偶尔在历史博物馆中，或文物展览会上，一饱眼福。

　　有人也许会奇怪，区区腰带，何必那样讲究，不惜耗金、费银，甚至用玉琢成？这是因为，古人的腰带与礼仪、品级密切相关，因此围绕腰带，留下不少令人回味的掌故。

　　《论语·公冶长》："束带立于朝。"可见在先秦时代，士大夫上朝时，是必须束带的。而散朝后回家，则解下腰带，以求宽松，这就是古人所说的"缓带"。这时的腰带是用皮革制成的。随着历史的演进，封建等级制愈来愈繁复化，官员们的腰带，也就越来越考究。自曹魏以后，皇帝与大臣们，腰带金、玉争辉，令人眼花缭乱。以唐代而论，五品以上的官，皆腰束金带，至三品，则束玉带。而据《宋史·舆服志五》记载，太平兴国年间，"从三品以上服玉带，四品以上服金带。"宋代官员极多，"冗官"是宋代社会的一大积弊，因此腰束金带招摇过市者，实繁有徒。金腰带既然成了身份、权势的标志，也就必然是一般士大夫垂涎三尺，争欲到手的目标。大诗人陆放翁即曾载谓："国初士大夫戏作语云：眼前何日赤？腰下几时黄？谓朱衣吏及金带也。"（《老学庵笔记》卷1）臭名昭著的贪官朱勔的家奴，竟也腰束金带，方腊破钱塘时，在太守客人中，即有几十个此辈；当时曾流行一首民谚道："金腰带，银腰带，赵家世界朱家坏。"（同上）制造金带，是颇费工夫的。宋太宗曾亲自在紫云楼下监督巧匠，造了三十条金带，工匠竟然"为之神耗而死"。（蔡絛：《铁围山丛谈》卷6）这些金带，一条太宗自用，一条赐大将曹彬，其余二十八条均存于库中，"号镇库带"。由于这些金带太贵重，名气太大了，以至当时社会上如有人看到皇亲国戚或者宦官身服异常精致的金带，马上便会指指点点，啧啧称羡地说："这是紫云楼带。"其实非也。一直到了南宋，蔡京的儿子蔡絛在一个偶然的机会，有幸目睹了一根紫云楼金带，不但"其金紫磨也，光艳溢目"，所刻人物，长不及寸，却须眉毕见，超过了吴道子的画。而带上花纹"镂篆之精，其微细之象，殆入于鬼神而不可名"。但是，这样的宝物，并非国家之幸，是难以传世的。到了北宋末靖康年间，皇帝对外屈膝，"括金赔房"，下令"群臣服金带者，权以通犀带易之"。(《老学庵笔记》卷1)显然，国运日衰，危在旦夕，大臣们的金腰带，自然也保不住了。应当指出，宋太宗之流，比起开国皇帝宋太祖，在政治上，实在是相差太远了。想当年，吴越王钱俶曾经进贡宝带，宋太祖不屑于一顾，说"朕有三条带，与此不同"。钱俶恭请宣示，太祖说："汴河一条，惠民河一条，五丈河一条。"钱俶听了，"大愧服"。(范镇:《东斋记事补遗》)当太宗等那样靡费、耗神大造金带时，若太祖地下有知，肯定要"长太息以掩涕"了。

至于玉带，作为朝仪，始于宋神宗熙宁八年(公元1075年)。这一年，神宗令工匠琢玉带赐岐王赵颢、嘉王赵頵。(王明清:《挥麈前录》卷1)据神宗元丰年间的庞元英记载，唐朝玉带"皆黑鞓，五代始有红鞓"。(《文昌杂录》卷5)所谓鞓，即皮带。由此我们知道，宋代的玉带，是用玉嵌于红皮带之上。今天我们从宋代的绘画上，还能看到当时玉带形状。值得一提的是，北宋仁宗赵祯，虽然并不高明，但却懂得，他系在腰上，引起"侍臣皆注目"的"美玉带"，并非"天下至宝"，说"中国以人安为宝"。(《挥麈前录》卷1引《李和文遗事》)这比起他后辈中的那些骄奢淫逸的糊涂皇帝，要强多了。

按规定，明清时只有一品官才有资格服玉带。但在明代，随着官僚体制的日益庞大，政治局面日渐浑浊，服玉带者日渐其多。明世宗在登极诏中即指出："近来冒滥玉带……皆庶官杂流并各处将领夤缘奏乞。今俱不许。"（《明史·舆服志》）但这样的诏令，实际上也并没有解决玉带的冗滥。玉带早已成为贵重的礼品，被用于行贿。万历初年，吏部左侍郎王篆巴结权宦冯保，送给他的玉带，竟有十条之多。但是，这比起正德时大宦官刘瑾家有玉带四千一百六十条（高岱：《鸿猷录》卷12）来，当然是小巫见大巫了。

缅铃趣谈

　　读过古典小说《金瓶梅》的人，大概都会对那一大包稀奇古怪的淫器，感到纳闷，诸如缅铃、颤音娇、美女相思套之类，不知究为何物？不才友人中有位著名历史学家，博古通今，人称"张八流"——意即比"三教九流"还高一流；经这位大哥指点，我在笔记、野乘中仔细爬梳，终于弄清部分淫器的来龙去脉。这里先说缅铃，供读者谈助。

　　据明朝嘉靖年间的大学者杨慎所著《滇程记》记载："缅铃，相传鹏精也。"据说，鹏性淫毒，一出，诸牝悉避去。甚至于对人类也敢于"动手动脚"，"遇蛮妇辄啄而求合"。土人充分利用鹏的这种习性，扎个草人，披上红衣，并簪花其上，远远看去，俨然是位美人迎风而立。鹏见之，淫性大发，对草人"嬲之不置，精溢其上"。土人将鹏之精液采下，"裹以重金"，大仅如豆，嵌于男子之势，房事时，妇人"得气愈劲"。此物土人不外售，有求之者，颇费周章后，方能觅得，故世间流传甚少。物以稀为贵。于是滇省有人造假缅铃出售，但瞒不过行家：

真缅铃"不摇自鸣"，而假缅铃需摇后方能跳动。万历时做过福建左布政使的徐应秋，见多识广，在所著《玉芝堂谈荟》中，也谈过缅铃，不过比杨慎所述稍大，谓大如龙眼，"得热气则自动不休"。徐应秋的记载，颇有助于我们了解西门庆这位沉湎于脂粉队里的怪杰，为什么对缅铃是那样宝爱了。

清代，缅铃仍在流行。清初的历史学家谈迁，在他的名著《枣林杂俎》中集，也曾写过缅铃，但取材于《滇程记》。乾嘉时的考据家赵翼，记述他归田后，有人曾携一缅铃前来求售，大如龙眼，四周无缝，因不知真假，便将缅铃握于手中，"稍得暖气则铃自动，切切如有声"，而置于几案则止，无怪乎赵老先生惊叹此"亦一奇也"。

行文至此，想来读者对缅铃的用途，已经心领神会。但是，此物为何称为缅铃？仍然无有着落。其实，你如果翻翻赵翼的《檐曝杂记》卷3，就立刻明白了："缅地有淫鸟，其精可助房中术，有得淋于石者，以铜裹之如铃，谓之缅铃。"天下之大，无奇不有。不知当今之世，尚有收藏缅铃者否？

闲话猪脬

　　皮球、气球，都是儿童的心爱之物。严格说来，这些均系舶来品，近代才传入我国。在古代，我国儿童手中类似皮球、气球的玩具，是用猪脬制成的。猪脬，即猪的膀胱，俗名猪尿胞、猪卵胞；胞亦写作泡，通用字也。其制法是：杀猪时，摘下猪的膀胱，洗净，晒干，涂一层油，呈透明状，然后憋足劲，朝脬吹气，立刻便会鼓起来，成球形，再用细绳在收口处扎紧，即妥。今日乡间，仍然可以见到这种玩具。自古以来，我国农家十分重视养猪，杀猪随处可见，用猪脬制成玩具，堪称是绝妙的废物利用。不才儿时生活在乡间，曾自己动手制作过此玩具；每当制成，在手中抛来抛去，心花怒放，其快乐的程度，肯定超过今日随便花点钱随便从市上购得皮球之类喜滋滋的儿童。因为，自己制造的，包含了辛劳、创造、成功在其中，在心态上，自然非从市上购得者所能比拟。

　　其实，猪脬的妙用，又岂仅仅是童稚手中的玩物。史料记载："太宗以北兵渡淮时，无一苇之楫，有人于囊中取干猪脬十余，内气其中，环在腰间，泅水而南，径夺舟以济北军。"（明·姚福：《青溪暇笔》）原来，猪脬还可充当救生圈，供泅水用，在协助明成祖朱棣渡淮河时，起过重要作用。唯其如此，古代某些旅游者，布囊中往往装有干猪脬，以备不时之需。不过，猪脬有益于人类的更重要也更普遍的作用，在于它还是一帖良药。据李时珍记载，猪脬"气味：甘、咸寒，无毒。主治：梦中遗溺，疝气坠痛，阴囊湿痒，玉茎生疮"。李时珍还引罗天益的《卫生宝鉴》，说蕲州有位妓女，病毒入膀胱，小便不通，腹胀如鼓，奄奄待毙。某医者"用猪脬吹胀，以翎管安上，插入阴孔，捻脬气吹入，即大尿而愈"。（《本草纲目》卷50）这个妓女倘若不是经医生用猪脬吹气术救之，可就要真正应了一句俗话：一个大活人，让尿憋死了！

说大话，吹牛皮的人，是人们所讨厌的。今日民间口语中，形容吹牛者，便有谓：吹猪卵泡的！稽诸史籍，这也是由来久矣。清初思想家颜元在批判宋明理学时，曾谓："宋儒之学，如吹膀胱，以渺小为虚大。"（清·李塨：《颜习斋先生年谱》卷上）语虽尖刻，但确实是一针见血之论。

鼾声今古谈

很多人眠时都会打鼾，笔者也不例外；但据老妻相告，不才鼾声水平不高，故她能高枕无忧。不过，我有时静夜思，想想古今的打鼾奇才，其鼾声或如隆隆雷声，从天际滚滚而来，或如江南丝竹，婉约温馨，催人入梦，就不免自惭形秽：鄙人的鼾声既无英雄气概，更无音乐色彩，真是鼾如其人，太平常、乏味了。

往事如烟。此刻，在我的耳畔，似乎骤然响起上海某大学一位先生的惊天动地的鼾声，其实，那是十九年前的事了。这一年，我被发配到黄海之滨的一个"五七干校"，在所谓"革命群众"的监督下，劳动改造。我们住的是用芦苇、茅草盖成的简易房，连风都挡不住，更别说隔音了。某日，从某高校又来了几位所谓"五七新战士"，其中有位先生，极肥硕，腹部颇似挂着一口大铁锅。人海中，胖得压马沉舟者并不罕见，无足称奇；但奇的是，此公一旦晚上熄灯铃打过，不出两分钟，便鼾声乍起，惊破一江春水！他的鼾声，始如牛吼，继如雷鸣，有顷，忽然声音渐低，但不出半分钟，突然一声长鼾，呼啸而起，其刺耳的程度，不亚于鬼怪式战斗机发出的噪音！这顿使左邻右舍一百多人惊呆了，始而惊讶，继而大笑，但笑声、惊叹声，比起此公的鼾声实在是众不敌寡，宛如麻雀喊喊喳喳，根本盖不住马达的轰鸣。这一夜，包括我这个"四人帮"敕封的"现行反革命分子"在内，大伙儿一夜都未能入眠。次日，群情激昂，此公遂被流放到打谷场边的缝纫室，他一人独居，再也不会影响别人进入梦乡了。一天中午，我拿了两件破衣服去缝纫室。这是一间斗室，除了一架缝纫机，一张床外，就放不下其他物品。同样令人惊异的是，此公在午睡，而一位女教师，就在他的床头踩着缝纫机补衣服，"嗒嗒嗒"的机声，比起此公的鼾声来，真有"几声凄厉，几声抽泣"之感。

但是，并非所有的鼾声，都让人讨厌，悦耳动听者，也偶有所闻。唐代段成式著《酉阳杂俎》续集三记载："许州有一老僧，自四十以后，每寐熟即喉声如鼓簧，若成韵节。许州伶人伺其寝，即谱其声，按之丝竹，皆合古奏。僧觉亦不自知，二十余年如此。"你看，打鼾竟打出古代的乐曲来，这是多么美妙。可惜《九宫大成》未载此谱，否则我们就有可能欣赏到这位老和尚纯属天籁的特种乐谱，惊叹三生有幸哩！

无独有偶。古今的奇人、妙人，往往亦如古月照今尘，相映成趣。据1990年2月1日《武汉晚报》牛宪纲先生的《听鼾》一文披露，有位姓李的采购员，其鼾声"初似秋虫低吟，鸽哨掠空。继而似月下洞箫，林中柳笛，抑抑扬扬，徐徐疾疾"。这样的鼾声，是第一流的催眠曲，谁听了都会物我两忘，恬然入梦的。妙哉！

1990年11月20日上午，老牛堂

一点红丹判贞洁

蜥蜴，又名石龙子、山龙子、泉龙、石蜴、猪婆蛇、守宫等，能在水中游。有的书上，将它与能捕食苍蝇的壁虎——又名蝎虎，混为一谈，是错误的。壁虎，顾名思义，善在壁上行，但一入水，即动弹不得，很快小命休矣。蜥蜴的那一大串名，以龙子、守宫最为奥妙。据说，此物能够吐雹，可以求雨，故得龙子的美誉。每逢大旱之年，人们以大瓮贮水，插柳枝，让蜥蜴在瓮中游来游去，青衣小儿则环绕大瓮，连声呼叫："蜥蜴蜥蜴，兴云吐雾，降雨滂沱，放汝归去。"求雨的结果如何，姑且不论，有时却因求雨太急，闹出大笑话。宋代熙宁中，京师久旱，开封府下令城内坊巷寺观，赶快求雨，百姓急忙到处捕捉蜥蜴，仓促间哪里能找到很多？无奈，往往以形状与蜥蜴相似的壁虎代替。但可怜壁虎入水即死，求雨重任，顿成泡影，以致小儿们改了求雨词，唱道："冤苦冤苦，我是蝎虎。似恁昏昏，怎得甘雨！"（宋·彭乘：《墨客挥犀》卷3）真是令人好笑。

蜥蜴的命运，被人和宫女联系在一起，下场比壁虎更惨，但却博得守宫的美名，为骚人墨客津津乐道。据说，早在秦汉时，"守宫以器养之，食以丹砂，满七斤，捣治万杵，以点女人体，终生不灭。若有房室之专则灭矣，可以防闲淫逸，故谓之守宫也。"（《汉书·东方朔传》颜师古注）如此看来，守宫本来是民间流行的桎梏女性的方法。不知何时，此法被引进宫廷，晋人张华《博物志》记载："取蜥蜴以草脂和硃砂食之，待体赤捣膏以点宫人之臂，则终身不灭，遇男合即灭，故曰守宫。"《墨客挥犀》甚至谓"以其能守钥，能知宫人有异志淫心者，则吐血污衣"，未免太神乎其神了。古代诗人咏守宫者不少，明代成化年间的汤胤勣所作《素腕守宫》一诗，深沉真挚，值得一读："唯解秦宫一粒丹，记时容易守时难。鸳鸯梦断肠堪冷，蜥蜴魂消血未干。榴子色分金钏晓，茜花光映玉鞲寒。何时试卷香罗袖，笑语东风子细看。"（明·刘昌：《县笥琐探摘抄》）此诗大有李商隐风致，难能可贵。

不过，李时珍对守宫的贞洁卫士的性能，表示怀疑，说："大抵不真，恐别有术，今不传矣。"真相究竟如何？看来只要动物学家做些实验，是不难水落石出的；说不定还能有其他的发现。质之动物学家，不知然否？

撒向帐中都是爱

洞房花烛夜，人生至乐时。古人礼仪繁复，对于结婚更是郑重其事。明人小说《西湖二集》卷10，有段文字写合卺之日的情景，状极生动：

> 笙簧杂奏，箫管频吹，花簇簇孔雀屏开，锦茸茸芙蓉褥隐。宝鼎香爇，沉檀味捧出同心；银烛光生，红蜡影映成双字。门悬彩幕，恍似五色云流；乐奏合欢，浑如一天雾绕。宾赞齐唱"贺新郎"之句，满堂喜气生春；优伶合诵"醉太平"之歌，一门欢声载笑。挽扶的障着"女冠子"，簇拥着"虞美人"，颤巍巍"玉交枝"，走得"步步娇"，满地都是"锦缠道"。撒帐的揭起"销金帐"，称赞"二郎神"，闹烘烘"赏宫花"，斟着"滴滴金"，霎时做就"鹊桥仙"……

在这些仪式中，撒帐更是古色古香，内涵丰富，耐人寻味。

撒帐起源于汉代，包含多项内容。据《戊辰杂抄》记载，汉武帝大婚时，与李夫人共坐帐中，饮合卺酒；此时宫人遥撒五色同心花果，帝与夫人以衣裙盛之，谓得果多，得子多也。显然，这是意在多子。今日乡村民间在新房中，预先将红枣、桂圆等藏在被褥中，寓"早生贵子"之意，正与汉武帝一脉相承。另一含意，是避邪。《知新录》载谓：汉代京房之女，嫁给翼奉之子。京房"以其三煞在门，犯之，损尊长，奉以麻豆谷米禳之，则三煞可避"。原来，是用五谷杂粮贿赂邪神恶煞，请他们走开，别在大喜的日子里捣乱。《日下旧闻考》卷146载："新妇及门，婿以马鞍置地，妇跨过曰平安。妇进房，阴阳家唱催妆诗，撒诸果，曰撒帐。"由俗称风水先生的阴阳家主持撒帐仪式——撒诸果，可见直到清代，不少人家仍相信撒帐可以驱邪。再一种含意，恐怕与传授房中术有关。据传唐代公主下嫁，撒帐时散特制的铜钱，有的甚至镀金；一面是字，一面是男女敦伦图。金、元时仍有此风。数十年前，北平的《艺林月刊》第46期，曾刊出属于此类的风花雪月钱照片一帧，正面具有"风花雪月"四字，背面为三种好合姿势图，惟妙惟肖。至今在北京的古董摊上还能买到此类钱，但多半是清末、民国时的仿制品，而当代商贩所铸，则工艺粗劣，俗不可耐。最后一种含意，即祝富贵吉祥。宋人孟元老撰《东京梦华录》卷5载："对拜毕，就床，女向左，男向右坐。妇女以金钱彩果撒掷，谓之撒帐。"今日民间婚礼，常用五色彩纸片撒向新郎、新娘，并撒到床上，比起古代的撒帐，自然是夕阳余晖了。

撒帐时，不仅有致语（类似今日来宾致词），而且还要念撒帐诗。清人《五朵云》卷1载有"撒帐致语"及《撒帐诗》，抄录如下。致语："伏以华屋艳神仙……况今日乃唱随之始，则此时适交合之初；当合卺则知同体之相需，于交拜则叙大伦之正始。流苏帐煖，已劳鸾凤下妆台，鹤羽扇开，始信姮娥来月殿。敬陈善颂，聊写鄙兴。"撒帐诗："撒帐东，可并巫山十二峰。……撒帐西，好似花开蝶恋枝。……撒帐南，双双取下八珠环。……撒帐北，任意推班便出色。天地交泰两和谐，管教生下孩儿十。撒帐上，五枝梅花四枝放。一枝花向状元开，结子调羹为鼎相。"

当然，不管撒帐的内容、形式，是如何的五花八门，但归结到一点，便是：撒向帐中都是爱。前辈风流，即使千载之下，我们仍然可以感受到他们的脉脉温情。

江湖隐语知多少

  近日有幸与文化大学的明史专家吴智和先生，在王阳明故里余姚龙泉上的茶馆里一边品茗，一边说文谈史，纵论古今。他告诉我：在理发店听理发师们的交谈，虽懂其语，但根本不知道这种话的含义，因此实际上完全不懂他们究竟在说什么。显然，这些理发师说的是行话——其理发行业间流行的特殊用语，行业之外的人，听来只能莫名其妙。

  古人通称此类行话为"市语"。明人田汝成《西湖游览志余》卷25载谓："《辍耕录》言：杭州人好为隐语，以欺外方，如物不坚致曰'憨大'，暗换易物曰'擨包儿'，麄蠢人曰'杓子'，朴实曰'艮头'。"并进而指出，"乃今三百六十行，各有市语，不相通用，仓促聆之，竟不知为何等语也。有曰四平市语者，以一为忆多娇，二为耳边风，三为散秋香，四为思乡马……小为消黎花，大为朵朵云，老为落梅风。"这里的从一到十，尚有一点规律可循，即一与忆、二与耳、三与散、四与思等谐音；而大与朵朵云，老与落梅风，用一句上海话来说，毫不搭界，只能使外行人丈二和尚摸不着头脑了。

这些隐语对社会生活产生过广泛的影响。各省地讳的出现，可谓典型的例证。不少人在日常交谈中，称畿辅曰响马，陕西曰豹，山西曰瓜，山东曰跨，河南曰驴，江南曰蟹，浙及徽州曰盐豆，浙又曰呆，江西曰腊鸡，福建曰癞，四川曰鼠，湖广曰干鱼，两广曰蛇，云贵曰象。（褚人获：《坚瓠集》乙集卷1）奇怪的是，当时人说到自己籍贯时，"各以讳相嘲"，如攻击四川人是耗子（今日仍流行此语），福建人是癞子等等，实在不雅，但仍旧风行天下，真是不可思议。有些食品，也被冠以隐语，最有趣的，是称熏猪耳朵为"俏冤家"，（《坚瓠集》丁集）不知从何说起，真让人忍俊不禁。

市民中的隐语，无非是故弄玄虚，让人听不懂，除了做生意需要，含有一定的保密作用外，至多骗一点钱，并无特别险恶用心。例如，清初艾衲居士的《豆棚闲话》第十则，就曾经描写一个叫强舍的苏州闲汉，对山西人马才"连篇的打起市语，叽里咕噜，好似新来营头朋友打番话的一般，弄得马才两眼瞪天，不知什么来历"。不料被人揭穿，什么好处也未得到。而另一种隐语，即江湖黑话，往往是盗匪、秘密组织专用的语言，是为某种不可告人的目的，甚至是为杀人越货服务的，这就与市语有着根本的区别。简言之，黑话，乃黑社会成员中讲的特种话也。

读过《水浒》的人，都不会忘记十字坡下开人肉馒头店的母夜叉孙二娘语录："由你奸似鬼，吃了老娘洗脚水！"此"洗脚水"不是别的，正是动辄将人麻翻、把身上的肉割下，化为包子馅的蒙汗药。区区"洗脚水"，是典型的江湖黑话。《水浒》名人鲁智深，见友人时，常常"蹲拂"，这也是句黑话，即下拜之意。近读《江湖切要》，对明清黑话几乎无所不包，且令人神鬼莫测，颇感惊异。此书是清初康熙五十二年自称"八闽后学东海卓亭子"记录并订正的，当时有未付梓，不得而知，我见到的，是清末光绪十年吟杏山馆刻本的晒蓝本。开卷有诗，曰："我家田地在江湖，不用耕兮不用锄。说话未完苗已秀，再谈几句便收租。"寥寥四句，不啻是江湖宣言。细读全书，大部分是流行于明朝的江湖黑话，少部分是清初黑话。凡天文、地理、时令、官职、亲戚、人物、店铺、工匠、经纪、医药、星卜、倡优、乞丐、盗贼、释道、身体、宫室、器用、文具、武备、乐律、舟器、章服、饮馔、珍宝、数礼、草木、五谷、百果、鸟兽、虫鱼、疾病、死生、人事等，无不黑话连篇。现举若干例子，以见一斑。市人：井通。贩子：不将人。典铺：兴朝阳。杂货店：推恳朝阳。茶：青老。清喉：木鬼。枝叶：木癸。白酒：水山。粥：稀汉。牛肉：春流。金：黄琴。银：硬底。卖假货：跳符恳。真货：宝赞。如此等等。值得注意的是，江湖上称猪头曰纱帽，这不能说不是对官老爷的莫大讽刺；当然，我们也必须看到，黑社会原本就是蔑视公权、法纪的。

我们在阅读某些近代武侠小说时，常常对其中的江湖黑话，感到惊异。实际上，较诸明清以来在社会上流传的江湖黑话，武侠小说所描绘的，不过是一小部分而已。

"天地君亲妻"

今天，年过半百的人，对"天地君亲师"是记忆犹新的：用金漆雕木或红纸写上这五个大字，供奉在家中正屋的几案上，不时烧香、顶礼膜拜。考其来源，亦可谓久矣。明朝人的小说——如《金瓶梅》，不时写到"天地牌位"下如何、如何，可能就是指的"天地君亲师"牌位。但是，记载得最清楚的，还是明末清初松江文人吴履震写的《五茸志逸》卷8："徐对公方壶……每谓人云：宇宙间所并尊者，'天地君亲师'。天地有覆载恩，君主有平治恩，父母有生育恩，如何深重，而师亦与焉。"此外，朱舜水的《天地君亲师说》（《朱舜水集》卷13），及石成金的《传家宝》卷1，也有清楚的记载。显然，儒家思想的一大半，尽在其中矣。

但是，世界上没有一成不变的事物。清代嘉庆年间青浦文人王有光编的《吴下谚联》卷3，在"天地君亲师"条下载谓："五者，在人无所逃于天地之间，闻近日外间，有以'妻'字易'师'字者。"这就是说在清中叶的江南，当时有人供奉"天地君亲妻"的牌位，这种行为，实在是个壮举！儒家本来就轻视妇女，"夫为妻纲"简直是套在妇女头上的紧箍咒，而宋明理学鼓吹的节妇，更是窒息人性的桎梏。你看，居然有人敢反其道而行，把"妻"抬高到与"天地君亲"并列的地位，这是何等的气魄！就思想启蒙的意义上说，真不啻是封建末世的一声春雷。

当然，不管是"天地君亲师"还是"天地君亲妻"，毕竟是旧时代的产物，如果今天还有谁想供奉这样的牌位，只能是贻人笑柄。但是，如果我们赋予这几个字新的含义，如爱惜我们赖以生存的这片天地，重视环境保护，维护生态平衡，人人争当谦谦如也的君子，礼让成风，珍爱亲情，孝敬父母；尊师重道；尊重妻子，维系家庭的和谐，那么"天地君亲师"（或"妻"）在国人的精神生活中，仍然可以发挥积极作用。

酒话连篇

自古奸商花样多

莫道财源通四海，自古奸商花样多。明朝在酒的销售过程中，一些唯利是图的奸商，也在拼命捣鬼，弄虚作假。例如，明末北京街头卖一种有颜色、味芳冽的酒，说是涞水酒，其实是赝品；这种酒因为质量远比易州酒差，早已停止生产了。往酒中掺水，使饮者"口中淡出鸟来！"（按：引自《水浒》名人花和尚鲁智深语录）。明末有人曾引宋朝人写的《行香子》一首，辛辣地嘲笑了松江出品的这种淡酒：

> 浙右华亭，物价廉平，一道会买个三升。打开瓶后，滑辣光馨。教君霎时饮，霎时醉，霎时醒。听得渊明，说与刘伶："这一壶约重三斤。君还不信，把秤来样，倒有一斤泥，一斤水，一斤瓶。"（吴履震：《五茸志逸》卷1）

还有人利用民众的好古心理，妄称千年古酒，以牟厚利。如江西竟有人声称陶渊明当年曾埋下很多酒，现在被挖出来了，"美香不可言"（李日华：《紫桃轩杂缀》卷3）。其实，陶渊明归田后，并无关系网，两袖清风，得酒即醉，哪里有余钱深挖洞，广积酒？

恶向酒边生

至今民谚有谓："酒是色媒人""三碗酒下肚，恶向胆边生"。显然，纵酒犯法，是古今极少数酒徒的通病，或者说，酒往往是犯罪的诱因。明代著名政治家顾璘（1476—1545）曾一针见血地说："夜饮晏起，乃奸盗所由始。"（李乐：《见闻杂记》卷1）那些杀人越货的江洋大盗，更无一不是酒鬼。这伙人即使下了大牢，偶得酒，也看作命根子一样。明人小说中曾描写有个叫杨洪的捕快，为侦破一件冤案，弄了些酒肉到狱中给强盗们吃，你看强盗们的那吃相，那德性：

> 杨洪先将一名开了铁链，放他饮啖。那强盗连日没有酒肉到口……一见了，犹如饿虎见羊，不勾大嚼，顷刻吃个干净……那未吃的口中好不流涎。（冯梦龙：《醒世恒言》卷20）

用砒霜下酒毒死人命，固然是奸夫淫妇、人面兽心者惯用的伎俩，如：同上引书曾描写正德时的李承祖，被继母焦氏用砒霜下入酒中毒死，死前痛苦万分，惨不忍睹：

须臾间药性发作，犹如钢枪攒刺，烈火焚烧……不消半个时辰，五脏迸裂，七窍流红，大叫一声，命归泉府。（同上，卷27）

而用蒙汗药下入酒中，劫人钱财，甚至杀人的犯罪勾当，则更使人有扑朔迷离、目瞪口呆之感。方以智（1611—1671）曾记载：

莨菪子、云英、防葵、赤桑陆、曼陀花皆令人狂惑见鬼。安禄山以莨菪酒醉奚契丹坑之。嘉靖中妖僧武如香至昌黎张柱家，以红散入饭，举家昏迷，任其奸污，盖是横唐方。周密言押不庐可作百日丹，即仁宝言曼陀罗花酒，饮之醉如死。魏二韩御史治一贼，供称威灵仙、天茄花、粘剌豆，人饮则迷，蓝汁可解。（方以智：《物理小识》卷12）

这里的"仁宝言曼陀罗花酒"云云，仁宝是指郎仁宝，仁宝即郎瑛（1487—1566）之字，其言见于他在《七修类稿》卷下"事物类"中的这一段话：

小说家尝言：蒙汗药人食之昏腾麻死，后复有药解活，予则以为妄也。昨读周草窗《癸辛杂识》云：回回国有药名押不庐者，土人采之，每以少许磨酒饮人，则通身麻痹而死，至三日少以别药投之即活，御院中亦储之，以备不虞。又《齐东野语》亦载，草乌末同一草食之即死，三日后亦活也。又《桂海虞衡志》载，曼陀罗花，盗采花为末，置人饮食中，即皆醉也。据是，则蒙汗药非妄。

显然，郎瑛所说的曼陀罗花云云，就是方以智所指的曼陀罗花酒。虽然郎瑛并未能指出蒙汗药到底是何物，但他根据史籍，举出押不庐、草乌末、曼陀罗花三种具有麻醉性能的药草，断言蒙汗药决非小说家的虚妄之谈，结论弥足珍贵。据笔者研究，蒙汗药确实是用曼陀罗花制成的。至迟在南宋，用曼陀罗花作为麻醉药，已普通应用于外伤等各科。大概也正因为这种麻药十分普及，曼陀罗花的麻醉性能人皆知之，而且"遍生原野"，所以绿林豪客们才信手采撷，制成蒙汗药，经营他们的特种买卖（《玉芝堂谈荟》卷29）。曼陀罗草的麻醉性能相当可观，明末杨士聪（1597—1648）曾载谓："曼陀罗草其叶如伽叶，花有大毒，末之置饮食中，令人皆醉。取一枝挂酒库内，饮其酒者易醉。"读过《水浒》的人都不会忘记十字坡下绰号"母夜叉"的孙二娘用蒙汗药——实际上也就是曼陀罗花酒——将人麻翻，宰了，做人肉包子的故事。这是江湖豪客用蒙汗药下酒，干蔑视法纪勾当的典型，而方以智记述的魏二韩御史所治之盗的招供，更为此类案件提供了最可靠的实证。

当然，也还有另一种情形，即有些人本身并非恶人，但因嗜酒，而触法网，酿成惨祸。明人小说中曾描写成化年间浙江永嘉县有个儒生王杰，家道小康，夫妻和睦，但不料有一天，突然大祸临门。请看这件事的原委：

王生看了春景融和，心中欢畅，吃个薄醉，取路回家里来，只见两个家童，正和一个人门首喧嚷。原来那人是湖州客人，姓吕，提着竹篮卖姜。只为家童要少他的姜价，故此争执不已……王生乘着酒兴，大怒起来……走近前来，连打了几拳，一手推将去。不想那客人是中年的人，有痰火病的，就这一推里，一跤跌去，一时间倒在地。正是：身如五鼓衔山月，命似三更油尽灯。（抱瓮老人辑：《今古奇观》卷29）

　　毫无疑问，这位王生如果不是吃醉了，"乘着酒兴"，动手打人，又怎么会闹出人命案来？当然，这毕竟还是小说家言。而万历时李乐记载的两则酒祸，则是活生生的事实。一件事是：浙江桐乡"有中人之家贷钱开油饼坊，其雇工人与市上一人剧饮而醉相殴，雇工人推其人堕水死"。你看，两个醉鬼相打，一个终于被推到水晶宫中招驸马去了！另一件事，更是荒唐而惨烈：

　　万历二十八年庚子冬，乌程地方有云七里者，著姓温族所居也。某姓人有婚嫁事，故事设酒宴，邻近人（见）其酒薄，众不喜。又有怒其邀不遍者，众即扬言曰："嫁女酒，任汝薄，却恐救焚酒薄不得，难道不请我们？"是夜，先用计局其户外，使内者不得出，更余纵火，自外焚之。其家男子以送亲不在，妇人及眷妇凡九人，二妇又怀妊，而诸妇女俱在卧榻，被火仓皇莫措，开门不得出。家故开油坊，畜牛数头，牛惊火叫跳奔跃撞诸妇,惨酷难状。不逾时,尸杂诸煨烬中,难识认。盖死者凡十一人,而牛不与焉。诸纵火者竚桥观火,拍手大笑。郡邑及观察公初闻亦骇其事,卒以为无证,不加严究。死者虽多含冤,而谁恤也,伤矣哉!伤矣哉!(李乐:《见闻杂记》卷6)

如此骇人听闻的惨祸的酿成,固然是由于一帮子愚民的无法无天,生性残忍。但其导火线,却是因为这些人嫌嫁女酒太薄引起的。正是:酒薄、酒薄,招来大恶,惨绝人寰,令人惊愕!

阳间最后一碗酒

在明朝人的小说、戏剧中,我们经常看到这样的描写:被斩囚犯(当然,其中也有因冤狱而屈死者)在临刑前,刽子手往往塞给他所谓"阳间最后一碗酒",在通常情况下,囚犯多半是一饮而尽的。这是古已有之,明代一仍其旧的临刑饮酒的真实反映。史载:

今刑部每决重囚,必先酒食之,其来已远。想起初意,盖欲罪人昏醉,不大怖耳。今制凶人犯极罪,已招伏奏当,然不即断决,犹必监候。会审无词,又俟三覆奏而后始行刑。逮于临刑,复酒食以醉饱之。及至市曹,又停刑不决,许其家人击登闻鼓告诉,多有得旨放回者。足见朝廷好生之德,无所不至。而在外有司,刻礉之吏，不体此意，任情肆虐，于罪不至死之人，每每非法拷讯以毙之。是徒杖之罪反重于死刑，有司杀人，反捷于朝廷矣。（胡侍：《珍珠船》卷3）

如此看来，给犯人临刑饮酒，体现了法外施仁。一是表明：且饮人间长别酒，"西出阳关无故人"，给即将赴死者一点精神上的安慰。二是：使犯人酒后醺醺然，昏昏然，面对断头台、刽子手时，不至于感到太恐怖。这显然是具有人道主义精神的。这种古刑场上充满悲壮色彩的遗风，一直延续到现代。我清楚地记得，1950年，我在江苏省建湖县上冈镇读初中。这年秋天，枪毙了原籍是该镇的一名罪犯，叫杨兆龙。刑前，执法人员按老规矩给他一大碗酒，四样小菜。他把菜吃光了，酒喝完了，却猛地站起身来，一脚将小饭桌踢翻，碗碟顷刻化为碎片。这名死到临头仍作恶的家伙，当然只有一个结果：使自己本来已是最坏的下场，变得更糟。此刻，我的眼前仍然清晰地浮现着三十八年前刑场上那难忘的一幕：双手反绑，戴着瓜皮帽，穿着长衫的杨犯，被执刑者喝令向前飞跑，突然间，枪声响了，杨犯的瓜皮帽应声飞起一丈多高，他随即倒下。人们议论纷纷：他的帽子怎么会飞起一丈多高？有人立刻说：你没瞧见那大兵（按：指执刑者），把子弹头拔出来，在鞋底上擦热了，然后才装上去开枪的？他肯定用的是开花弹，杨兆龙的头一定是被打炸了，在反作用力下，他的帽子才会飞起来。谁教他死到临头还不知好歹，踢翻饭桌的？活该！——听他这一说，我随着人流挤过去看个究竟，果然，杨犯的头部除了耳朵还健在外，其余部分，早已是血肉模糊，脑浆乱淌。我想，倘若当时阿Q在场的话，大概会说"妈妈的，不如杀头好看"的吧？呜呼！这幕现代临刑酒及脑袋开花的活剧，显然是明朝人做梦也不会想到的。

玉帝封成酒色侯

嘉靖时作家薛论道，曾写《桂枝香·嘲酒色》谓：

> 黄黄肌瘦，腔腔咳嗽。做嫖头夜夜扶头，好饮酒朝朝病酒。两件儿缠绵，无新无旧。恰离酒肆，又上花楼。阎罗请下风流客，玉帝封成酒色侯。（薛论道：《林石逸兴》卷6）

这支小曲辛辣地嘲笑了酒鬼兼色鬼，最后两句，更是幽默形象。这就为我们道出了一个最简单不过的历史事实，不仅酒楼通向花楼，而更重要的，几乎所有花楼同时也是酒楼。这些"风流客""酒色侯"最后的结局，多半只能是身揣酒葫芦，"死在牡丹下"，那是他们死得其所，当然怨不得别人。从明朝人的小说、戏曲、笔记、野史中，我们可以清楚地看到，如果没有酒，像蛇菌一样显现其诱人色彩的社会毒瘤——妓院，恐怕早已黯然失色，关门大吉，改为六陈铺了。在明朝，围绕着酒与妓女,演出了多少令人难忘的悲喜剧,从而在明代社会生活中,深深地打上烙印。

刘峣的悲剧

弘治年间,有位张智,是御史,涞水人,因贪利,从某盐商那儿刮去很多油水。有一次,同道御史刘峣往淮安、扬州公干,张智便跟刘峣说项,请他开后门,支盐给这个盐商。刘峣当场拒绝了。张智便与此盐商密谋,假惺惺地在城外郑家花园设宴,邀请刘峣入席,声称为他饯别。刘峣不知有诈,如约赴宴。等到他在连连劝杯声中被灌得迷迷糊糊时,张智又推出妓女,与刘峣厮混在一起。按照明朝的官样文章,是禁止官员宿娼及挟妓饮宴的。如"宣德三年,怒御史严皑、方鼎、何杰等沉湎酒色,久不朝参,命枷之徇"。(《明史》卷95,刑法三)次年(1429年)八月,宣宗又谕礼部尚书胡濙(1375—1463)说:

> 祖宗时,文武官之家不得挟妓饮宴,近闻大小官私家饮酒辄命妓歌唱,沉酣终日,怠废政事,甚至留宿,败礼坏俗。尔礼部揭榜禁约,再犯者必罪之。(余继登:《典故纪闻》卷9)

史称这是"革官妓之始"。唯其如此,张智和盐商又预先找了几个光棍,冒充缉事校尉,这个时候突然钻出来,要挟刘峸，拿出一千两银子来，否则就将他挟妓夜饮的丑闻嚷出去。刘峸走投无路，张智却在一旁假充好人，故意说：我与某盐商很要好，让他拿出一千两银子来，他到淮安、扬州后，允许他支盐就行了。刘峸被迫，只好答应。张智却从这一千两银子中，分得一半，揣入私囊。而商人到淮安后，因准其支盐，所获厚利，又岂是这千两银子所能比拟的，而且出入无忌。事后，刘峸越想越怕，担心终将败露，"遂引刀自刎而死"。你想，好端端的一位朝廷命官突然自杀身亡，怎能不引起社会的强烈关注？"科道交章劾其故"，在朝廷的干预下，最后终于真相大白，"乃置智等于法"（陈洪谟：《治世余闻》第54页），将张智和盐商开刀问斩——透过这则比较冗长的故事，我们显然可以看到，妓女和酒，实在是张智阴谋中的重要环节，如果没有这个环节，张智的罪恶阴谋未必能得逞。妓与酒之为祸，亦可谓大矣！

齐雅秀、钱福的喜剧

世间有悲剧，也有喜剧。不准官员挟妓饮酒的禁令，明中叶后，形同废纸一张，而且按照"刑不上大夫，礼不下庶人"的儒学古训，及"只打苍蝇，不打老虎"的世俗原则，"上层人物游龙戏凤，中层干部生活小节，平民百姓品质恶劣"的法外之法，大权在握的重臣，谁敢管他们的风流韵事？因此，连宣宗、英宗时著名的元老政治家三杨——杨士奇（1365—1444）、杨荣（1371—1440）、杨溥（1375—1446），也留下了并非是"血色罗裙翻酒污"的佳话。据载：

> 三杨当国时，有一妓名齐雅秀，性极巧慧。一日命佐酒，众谓曰："汝能使三阁老笑乎？"对曰："我一入便令笑也。"乃进见。问："何来迟？"对曰："看书。"问："何书？"对曰："《烈女传》。"三阁老大笑曰："母狗无礼！"即答曰："我是母狗，各位是公猴。"（按：谐音"公侯"）一时京中大传其妙。（冯梦龙纂：《古今笑史》第448页）

这位齐雅秀女士很有幽默感，想来她在佐酒时，一定会将三位老家伙逗得乐不可支的。类似齐雅秀这样的小聪敏者，看来大有人在。明末有一妓，善于监酒，曾在席间作《调笑令》，以催乾为韵：

> 闻道才郎高量，休让。酒到莫停杯，笑拔金钗敲玉台。催么催，催么催。已是三催将绝，该罚。不揣作监官，要取杯心颠倒看。干么干，干么干。（褚人获：《坚瓠集》引《艮斋杂说》）

这首小令，当然博得"一座笑赏"。

明代金陵，十里秦淮，青楼林立，笙歌画舫、桨声灯影之中，名妓迭出，其中也不乏酒星。如明末的王小大，生而韶秀，为人圆滑便捷，善周旋，更"工于酒纠觥录事，无毫发谬误"。王小大并能为酒客排忧解愁，被人誉之为"和气汤"。（余怀：《板桥杂记》）这也称得上是风尘女子中有酒德之人了。

　　万历时松江的状元钱福，已归田里，听说江都某妓动人，特地去造访，至时，始知此妓已嫁盐商。经过一番周折，商人慕其才名，终于欣然同意设宴招待。但见：

　　　　贾人设席西隅，出妓传花把酒，状元兴随境到，酒无重沥。酣次，贾人令妓出白绫手巾，请留新句。时衣裳缟素，往来烛前，皎若秋月，状元持杯披袖，引满再三，妓宛转更多，箫管之间，不觉醉飞玉笛，乃是一绝句云："淡罗衫子淡罗裙，淡扫娥眉淡点唇；可惜一身多是淡，如何嫁了卖盐人。"①

这首在豪饮酒酣之际，即兴挥就的打油诗，相当诙谐，读来令人发噱。

无数离情细雨中

　　万历二十三年（1595年）进士、任过户部主事等职、侯官人曹学佺（字能始，1574—1646）在《豫章朱芾斯宗侯逸园雨中宴别屠太初之南海罗敬叔之武昌李林宗之白下孙泰符之剑江欧阳于奇之毗陵予还广陵》一诗中，

────────────

① 宋懋澄：《九籥集》卷2，266—267页。按：此事与嘉靖时鄞县人余永麟撰《北窗琐语》载杭州故事颇相类。见是书52页。

写道：

> 满堂游子叹飘蓬，无数离情细雨中。
>
> 飞盖西园因卜夜，挂帆南浦待分风。
>
> 岂知江海经年别，不见关山去路同。
>
> 他日相思非一水，尺书何处寄春鸿。（钱谦益：
> 《列朝诗集》卷14)

这将一群好友分手前夕，在花园的斜风细雨中酌别，倾诉衷情，却更平添了道不尽的离愁别绪，一泻无余。据管窥所见，明朝人写的园林中宴别友人诗，能像这首诗如此感情真挚，笔墨淋漓，并不多见。

酒文化在明代园林中打下的烙印，确实是很深的。某些园林中的建筑物，甚至直接以酒命名。如顾璘在上元家居无事时，纵游山水之余，在屋后筑"息园"，园中即"有载酒亭，以待问字者"。（徐复祚：《花当阁丛谈》卷5）载酒问字，固然是步前人风流余韵。此外，想来人在微醺之际、剧谈之余，呈现在朦胧的醉眼中的园林，恍惚迷蒙，大概颇有仿佛置身人间天上、仙山琼阁之感吧？

附录
——今古何妨一线牵

　　说来惭愧,史学上的今与古这个似乎再简单不过的问题,曾经在很长时期内,使我感到迷惘、困惑,甚至是痛苦。

　　"回首当年浑似梦,都随风雨到心头。"童年时,正值抗战军兴,我随母亲、长兄从苏州逃亡至原籍乡间。在穷乡僻壤,最早给我留下古的模糊概念的,是搭草台演出的江淮戏。那时的淮戏,还属于民间小戏,有的戏班子完全是由农民中的淮戏爱好者组成的,农闲时演出,农忙时各自回家耕耘、收获。记得有一年初冬时节,在一个叫吕老舍的村庄,我头一次看淮戏,在惊叹斑斓彩衣、绝代佳人(按:当时我不过五六岁,根本不懂戏装、化妆术之类)之余,随着《活捉张三郎》《三击掌》剧情的发展,我不禁困惑起来:这是什么时候的事呢?问大人,谁也不知道。回去问母亲,她正在做饭,一边用火叉拨着炉膛里的柴草,一边微笑着说:"咳,管那个做啥呀?反正是古时候的事罢了!"从此,在我的心目中,古的概念，像遥远的夜空，神奇而又迷茫。大约又隔了二年，这时我已经在小学读了二年书了，因病卧床，偶然得到村邻借阅的连环画《隋唐演义》。这可说是我平生阅读的头一本通俗史学读物。我反反复复看了好几遍，真是爱不释手。但是，读着，读着，问题又来了：隋唐离现在有多远？为什么现在看不见李元霸、秦叔宝、程咬金、史大奈这类人呢？这一回，我向老师请教，他和颜悦色地告诉我："不知道离现在到底多少年，反正有千把年了吧！秦叔宝、程咬金这些人是古人，是大英雄，今天的人都平平常常的，当然找不到这类人了。"这是我第一次有了"往事越千年"的概念，比起过去的混沌一片，时空上总算有了比较明晰的轮廓。但是，我也从老师的谆谆教导中，得出了错误的结论：今人不及古人。我甚至恼恨生在当今之世，倘若生在一千年前，不是就可以一睹瓦岗寨里众英雄的丰采，并跟在他们身后摇旗呐喊了吗？越想越感到晦气。虽说如此，毕竟是"少年不识愁滋味"，此后我千方百计找旧小说来读。诸如《薛仁贵征东》《薛丁山征西》《薛刚反唐》《精忠说岳》《水浒》《三国》等等，几乎到了废寝忘餐的地步。"苦读"的结果，一方面我终于慢慢明白了朝代的顺序，古的概念再不是抽象、模糊的了。但是，我常常感到，以今视古，胜过"巡天遥看一千河"，仍然充满了神秘色彩，平添了几多感慨，几分惆怅。

我写这一些，绝不是未老先衰，离题万里，要读者跟我一起去怀旧，重拾童年的残梦。不，我只是想说，童年时我在今、古上的幼稚、朦胧、困惑，成了我后来习史的起点，产生了难以磨灭的影响；这是我在多梦的童年、少年时代，始所未料的。

　　也许更使我惭愧的是，等我长大，在复旦历史系读了五年书，又念完了研究生的元明清史专业，虽然有时依然如"童梦幻成真"，思索史学研究中的今与古问题，但并没有深入地、刻苦地研究与思考，以粗知太史公的"究天人之际，通古今之变"为满足，并抄下来，贴在床头。至于如何"通古今之变"？实际上根本茫然不知。尽管在求学期间，政治运动不断，但我珍惜放牛娃出身，父兄的汗水钱来之不易，仍然读了大量的书，我的借书证，换过好几本。不过，我几乎完全埋首在具体的史实里，对今——现实，对古——过去，很少甚至没有作连贯的纵向思考及横向的比较、剖析，其结果，必然是既不知今，也不知古。因此，在此期间，我不仅在史学上没有像样的成绩可言，更重要的——而且痛心疾首的是，很快在政治上栽了大筋斗。当"文革"的红色狂飙从神州大地上呼啸而起时，曾有朋友告诫我说："别参加，肯定要秋后算账的！1957年的教训，不能忘记。"但我没听进去，更没有去回顾中国政治史，特别是中国封建专制主义的发展史，却怀着对已被打着新旗号的造神运动捧成"红太阳"的赤诚,深深卷进"文革",落个当了近七年的反革命、家破人亡的境地。1968年春、秋,1970年冬,我曾三次身陷囹圄。在丧失自由的痛苦日子里,我在心中重温历史,认识现实,也就是把古与今紧密地联系在一起苦苦探索。在受政治迫害的日子里,虽然被批斗、训斥,是家常便饭,被勒令示众、打扫厕所等等,更是司空见惯,但我从未想到自杀,丧失对未来的憧憬。因为这时我已懂得察古知今。当时,我不知道什么时候能重获自由。亡友杨廷福教授(1924—1984)在摘掉右派分子的帽子后,曾在无人时,长叹一声对我说:"你戴的是'现行反革命分子'的帽子,比'右派分子'的帽子重多了。你现在是'潜龙在渊',还不知何年何月才能'龙飞九五'呢。"老大哥的关怀使我感动,也使我茫然。但是,痛定思痛,我终于下决心:只要有一天我重见天日,一定认真做挖"文革""祖坟"的工作!

皇天不负苦心人,"不信东风唤不回"。1977年4月,我终于由上海市公安局彻底平反。我重新拿起了笔。

据说,"文革"中因各种政治案件而受株连的人,有二亿多。在这个巨大的数字的背后,隐藏着多少血与泪!我妻过校元女士(1937—1970)是一位年轻的物理学者,就是因我而株连,被迫害致死的。难道还有比自己的亲人死于非命更惨痛的吗?怀着悲愤,我写出了《"株连九族"考》①。在这篇文章的结尾，我写道："明清之际有句俗话说：'从死地走一回，胜学道三十年。'血的历史教训启示我们：必须坚决荡涤封建专制主义，健全社会主义法制。应当把'株连九族'这具封建僵尸，永远深埋在历史的坟墓之中！"显然，倘若我未在"文革"中"从死地走一回"，就不会对"株连九族"的历史及现状，有这样深切的认识。1978年下半年至1979年春天，我陆陆续续搜集历史上"万岁"的资料，考察"万岁"的来龙去脉，终于写出了曾产生较大社会影响的《"万岁"考》②，不仅不少省的内刊转载了这篇文章，后来《新华文摘》及《大公报》等报刊也转载了此文，台湾的《中国时报》，还专门发了一条消息。这些年来，与海外学术界同行交往日多，有好几位朋友都说读过此文，并谬承夸奖。一个真正的有良知的史学家，他的脉搏，应当与时代、人民的脉搏跳动一致，只有这样才能写出反映人民心声、触动时代敏感神经的作品。使我难以忘怀的是，十几年前，虽严冬已过，但残雪犹存，真个是"乍暖还寒时节"。在当时的历史条件下，倘没有一些好友的鼓励，我

① 刊于《文汇报》1979年2月16日，《新华文摘》1979年第3期转载，后被选入《中国新文艺大系·杂文选》，拙作《吹牛考》亦入选。
② 初稿草成于1979年5月24日。8月10日在中国社会科学院写作组主办的内部刊物《未定稿》第34期发表。后公开刊于《历史研究》同年第9期。对此文有兴趣的读者，最好参看拙著《"土地庙"随笔》中的《"万岁"考》，特别是文末的"附识"。

未必有足够的把握将文章面世。杨廷福学长当时客居中华书局，我们不时小聚，他不仅极力怂恿我写《"万岁"考》，还提供过几条材料。文章成篇后，我给本单位的两位执事看，征求意见，他们都劝我不要发表，说文章太尖锐了。可是，我寄给在廷福兄介绍下得以结识，并成为好友的著名学者冯其庸教授，他很快就来信说，收到此文后，他连夜快读了一遍，觉得写得很好，"嬉笑怒骂皆成文章，可连浮数大白！"而《未定稿》的编辑李凌、王小强同志，收到我的文章后，很快就打来电话，说用最快速度发表，从此我们并成为好友。"独学无朋则不乐"。作为今人，倘把自己关在象牙塔里，"遗世独立"，很可能没有胆量面对严峻的现实，也就不可能率先去打破史学禁区，理直气壮地面对古人。继《"万岁"考》之后，我又陆续地写了《烧书考》《吹牛考》《语录考》《说"天地君亲师"》等文章，社会反响是好的，以后这些文章收入《"土地庙"随笔》①，从《光明日报》《文汇报》《北京日报》《大公报》的书评看来，读者最感兴趣的，仍然是这些文章。

当然，这些文章，都不过是读史札记，或历史杂文，对史料的搜集、诠释，远非尽善尽美。但重要的是，我写出了我心中的话，写出了今人迫切想了解古代有关此类

---

① 光明日报出版社，1988年。

问题的知识，写出了一些史家想说又不敢说的话。就此而论，我觉得没有在史学界白活，没有对不起中国古代史这个饭碗。

在实践中，我终于逐渐明白，作为史学家，如何处理今与古的关系？结论应当是：今古何妨一线牵。事实上，这些年来我出版的专著、小册子，发表的论文、读史札记、随笔、杂文，大体上都贯穿了这条线索。在相当程度上，都是在清理封建专制主义的精神垃圾，深挖其历史与现实的土壤。有的文章从标题上就可看出内容，如《阿Q先辈考略》①，而大多数的著述，有心人自能从中领悟到我对现实中种种历史流毒的针砭。

当然，今古一线牵，并不是新的史学方法，更不是我的创造。太史公的"通古今之变"，可以说在逻辑上已经包含了今古一线牵的命题。读过《史记》及《太史公自述》《报任安书》的人都能深刻感受到，他倘若不是对今、古两头都有深刻的理解，特别是在蚕室中遭受奇耻大辱，他不可能写出那样有血有肉、传诵千秋的史学巨著。一部中国史学发展史足以证明，很难设想，一个对社会现实冷漠、稀里糊涂的人，能够理清楚古代历史纷繁的脉络。古人司马光等不必论矣，近代的史学大师梁

---

① 曾以《阿Q的祖先》为题刊于台湾《自由时报》1990年2月22日，后增改，易题《阿Q先辈考略》，刊于《中国文化报》1990年5月2日。（刊于《光明日报》，后载入肖黎先生主编、广东人民出版社出版的《我的史学观》中。）

启超、郭沫若等，在史学实践中熔古今于一炉的辉煌业绩，更是尽人皆知的。

显然，不学如我，今古何妨一线牵，不过是跟在史学大师身后学步、描红而已。虽然学无成，鬓已秋，但聊堪自慰的是：自知只有中人之智，治史未敢偷懒，文章不论长短，皆心血之痕，从不掺水；在现实生活中，从未头插风向标，曲学阿世；深知良心不能论斤两，否则有何资格评说古人；坚持史学研究的理性、科学性，坚决摒弃"四人帮"的大狗牙"梁效""罗思鼎"那种混淆古今，既歪曲古，也歪曲今的帮派史学。

该结束本文了，依然心潮难平。忽然想起南宋词人蒋捷的《虞美人·听雨》，似有所悟，现活剥一首，用以述怀，自属"油坊"出品，平仄非所计也——

少年闻史戏台上，

古今糊涂账。

壮年读史忧患中，

浦江呜咽神州泣西风。

而今治史燕山下，

鬓已染霜花。

千古兴亡总无情，

一线贯穿历历看分明！

1992年12月2日于京西八角村

跋

　　这本小册子《漂泊古今天地间》，书名窃自杜工部"漂泊西南天地间"诗句；他老人家既为诗圣，即使地下有知，当大肚能容，肯定不会委托律师与我打版权官司的。用这句诗作书名，决非故作潇洒，或像童话中的大灰狼摆动硕大无朋的尾巴那样玩深沉；其实，只是我研究、写作生涯的自况罢了。虽说我有时也有远行，甚至跨出国门。但年年岁岁、晨昏月夕，绝大部分时间都是在书斋中度过的，宛如驾扁舟一叶，在茫茫书海上漂泊。十几年前，曾偶然听到一首歌，有二句歌词是："大海，你去向何方？有谁知道你寂寞？有谁知道你忧伤？……"心灵为之一震。作为一名历史学家、杂文作家，我的研究与写作差不多都是"今古何妨一线牵"，那种形同从远古流淌至今大海的历史沧桑感、寂寞感、忧伤感，每每油然而生。余性也愚，既无特异功能，也不会施展空手道，连炒青菜、豆腐都不像样，更遑论有多少人梦想一夜之间就腰缠万贯的炒股票？得了，"六十而耳顺"，既已听惯了大海的涛声、风声、雨声，乃至于她的低吟、叹息，就继续并永远地与大海做伴吧——在朝晖、夕阳、月光、暴风、骤雨、雷鸣、闪电中，神游八极，穿越历朝，漂泊古今天地间，不亦快哉！

收入本书中的拙作，大部分是去年五月至今写的杂文、随笔已刊及未刊之作的结集。但也有些作品，其主要部分原载于台湾和香港的报刊上，特别是台湾的《中央日报》副刊文史版"长河"及《大成报》副刊上，后收入拙著《阿Q的祖先——老牛堂随笔》中。犹忆九十年代初，我除了在"长河"上辟专栏，还在该报及他报写了不少弘扬中华民族传统文化的文章，并一度随写随发，忙得使我应接不暇。但曾几何时，随着台湾经济、政治、文化情势的变迁，"长河"枯竭，寿终正寝；《大成报》上的文史版，改成影视娱乐版，真是"我本有心向明月，奈何明月照沟渠"，思之不胜感喟。这里，我重刊部分文章，至少也是表明，报纸上维持文史专栏版面，一直办下去，谈何容易！但是，无论在大陆还是台湾，任何轻视文史、漠视传播民族传统文化的倾向，肯定都是愧对列祖列宗，也愧对子孙后代的。《阿Q的祖先》面世已近五年，所印四千册，当年即已售罄，除非我自掏腰包，不可能再版，而又每有读者来信问我，如何才能买到此书？这也是我将此书部分前述文章，编入本书的另一种考虑。对不少读者来说，既然根本买不到此书了，那么有机会能在本书中读到部分文章，又何为而不乐？

前些时候，报刊上曾经热烈讨论过一稿多投的问题。我倾向于这种看法：区别对待，慎重其事，尽量少做，无须张扬。如果以炒冷饭喻之，那么首先就要看是什么样的冷饭。倘若是用发霉的、有不少蛀虫尸及屎的陈米做的饭，本来就不该做，冷了更应倒掉拉倒；而上品八珍炒饭或家常便饭中的蛋炒饭，如果虽冷了而味道仍鲜美，就无妨再炒，继续食用。我不敢说《漂泊古今天地间》中的一些"冷饭"，是上品八珍，但是我精心烹炒的"蛋炒饭"，则是绝对可以担保的。这是否有王公卖瓜之嫌？请君品之，当知老汉所言非谬也。

其实，作品正如食品，若不经过店家的加工、包装，就不能到顾客手中。本书也不例外。因此，我谨向百花文艺出版社表示谢忱。

著者，虎年春三月二十四日于老牛堂。其时也，正拟束装就道，返南方为双亲及亡妻扫墓。慎终追远，乃国人之传统，未尝一日忘也。

附记

　　本书1992年由天津百花文艺出版社出版。承蒙海峡文艺出版社社长房向东先生雅爱，此书得以重印。增加了近几年自以为值得看看的几篇杂文，及近日的新作。

　　　　　　　　2015年7月11日于京华西什库老牛堂